장로교육을 위한 길잡이

장로교육을 위한 길잡이

초판발행 2024년 8월 12일

펴낸이 육순종
펴낸곳 한기장교육출판
책임편집 김진아 / **편집** 차경덕, 전혜경, 류은진 / **디자인** 박서영
주소 03129) 서울시 종로구 김상옥로 30 한국기독교연합회관 401호(연지동)
전화 02-3499-7600 / **이메일** prok3000@daum.net
등록 2024년 3월 29일 제2024-000042호

ISBN 979-11-94191-01-8 03230

기격 15,000원

이 책은 저작권법에 따라 보호받는 저작물이므로, 무단 전재와 복제를 금합니다.
잘못된 책은 교환해 드립니다.

일러두기
① 성경구절은 '개역개정'과 '새번역'에서 필요에 따라 인용했습니다.
② 인명의 발음 표기는 출생 국가의 기준을 따랐습니다. 예를 들어 Cauvin은 '칼빈'이 아닌 '칼뱅'으로 표기합니다.

장로교육을 위한 길잡이

장로 직분에 합당한 삶으로 인도하는 길잡이가 되기를 바랍니다.

Preface 머리말

하나님의 은혜가 늘 함께하시기를 기원합니다.

〈장로교육을 위한 길잡이〉라는 제목으로 이 책의 초판을 출간한 지 어느덧 10여 년이라는 시간이 흘렀습니다. 이 책에 대한 개정 필요성에 대해서 많은 분이 의견을 주셨고 교육원에서는 큰 틀에서 초판의 내용을 유지하되 다음과 같은 부분을 중심으로 내용을 새롭게 꾸며 이번에 개정판을 출간하게 되었습니다.

먼저, 이 책의 내용은 초판에서 다루었던 것처럼 '교회'의 정의, 장로교의 기원과 변천 과정, 장로직에 대한 바른 이해, 올바른 장로의 삶에 대한 내용으로 이루어져 있습니다. 그리고 부록으로, 섬기는 장로로서 사회와 교회에 귀감이 된 '몇 분 장로님의 삶의 이력'과 '장로가 장로에게 권하는 말씀'도 동일합니다. 다만 구성을 변경하여 기존의 4장 16절을 4부 13장으로 변경했습니다. 이는 해당 내용의 분량을 점검한 후 내용의 연관성을 좀 더 밀접하게 구분하여 내용에 좀 더 집중하게 하고, 이해를 돕고자 함입니다.

다음으로는 교회 및 교인 수 등 지난 10년 동안 변화된 최신의 통계를 반영했습니다. 총회법과 관련된 내용은 총회 헌법위원장의 감수를 거쳤고 최신 경향에 맞춰 인명과 지명의 발음표기를 출생 국가의 기준에 따랐습니다. 그리고 성경구절의 인용도 기존의 '개역한글'에서 '개역개정'으로 변경했으며 내용의 필요에 따라서는 '새번역'으로도 일부 반영했습니다.

새롭게 개정한 이 책이 초판과 마찬가지로 교회 현장에서 장로임직 예정자 및 임직자분들에게 질문을 던지고, 새로운 직분에 합당한 변화된 삶으로 나아가도록 돕는 귀한 역할을 감당할 수 있게 되기를 바랍니다. 이를 통해 예수 그리스도를 따르는 공동체로서 교회가 이 시대에 필요한 역할을 감당하는 신앙공동체로 세워지고 성장할 수 있게 되기를 간절히 기원합니다.

　끝으로 이 책이 나올 수 있도록 집필해 주신 초판의 저자분들과 개정판을 위해 수고해주신 모든 분에게 다시 한번 깊은 감사 인사를 전합니다.

2024. 8. 12.
한국기독교장로회 총회교육국

Preface 머리말(초판)

　주님의 몸 된 교회를 위해 섬기시는 장로님들에게 하나님의 한량없으신 은총과 사랑이 충만하길 기원합니다.

　장로는 하나님의 부르심을 받은 교인의 대표로서, 또한 하나님 나라를 일구어 나가기 위해 목사와 함께 십자가의 길을 걸어가는 동역자로서, 처음 부름 받은 소명자의 삶을 간직하고 그 뜻을 새기는 일은 그 무엇보다도 중요하다고 생각합니다.

　우리 교단은 제89회 총회(2004년)에서부터 교단 내의 장로 임직예정자(피택 장로)를 비롯한 모든 장로를 위해 장로교육 교재가 꼭 필요하다는 데 인식을 같이하고, 초창기에 '장로교육교재발간위원회'를 구성하여 교육 커리큘럼을 연구하고 자료를 수집해 왔습니다.

　그러나 그 교재 작업이 잠시 중단되었다가, 때마침 장로교육 교재를 준비하고 있던 서울노회 고시부와 협의하여 교단 차원에서 서울노회 고시부의 기본 작업을 바탕으로 하여 새롭게 교육 커리큘럼을 구성하고 오늘의 집필 작업에 이르게 된 것입니다.

　이번에 출간되는 〈장로교육을 위한 길잡이〉의 구성은 크게 4장으로 나누어져 있습니다. 즉, 우리가 몸담고 있는 '교회'란 무엇이며, 장로교의 기원과 변천 과정, 그리고 장로직에 대한 바른 이해와 장로의 삶은 어떠해야 하는가를 많은 논의와 워크숍을 거쳐 내놓게 되었습니다. 그리고 부록으로, 섬기는 장로로서 사회와 교회에 귀감이 된 '장로가 장로에게 권하는 말씀'과 '몇 분 장로님의 삶의 이력'을 함께 실었습니다. 몇 분 장로님의 삶의 이력은 사회와 교회에서 존경 받고 신앙에 본이 되고 있는 분들로 정하여 게재했습니다.

끝으로, 이번 〈장로교육을 위한 길잡이〉가 교단적으로 나올 수 있도록 견인차 역할을 감당해 주었던 서울노회(고시부)에 진심으로 감사를 드립니다. 그리고 집필 작업에 함께 참여하며 공동워크숍을 진행했던 배태덕 목사님, 강원구 목사님, 최영 박사님, 류장현 박사님, 박희서 장로님과 귀한 원고를 주신 이영무 목사님에게 깊은 감사 인사를 드립니다. 또한 총회 교육원에서 열의를 가지고 교단의 장로교육 교재를 편찬키로 한 김종무 원장님과 실무를 맡은 이재철 목사님의 노고도 함께 기억합니다.

모쪼록 하나님 나라의 공동체를 위해 헌신하며 섬기기로 결단하신 교단의 모든 장로님과 새로 피택된 장로 임직예정자 모든 분에게, 그리고 이들과 함께 하나님의 선교사역에 애쓰고 계시는 모든 교역자님에게 본 장로교육 교재를 꼭 추천해드리고 싶습니다. 섬기시는 교회에서 유용하게 사용되어질 수 있기를 간절히 바랍니다.

2008. 9. 12.
한국기독교장로회 총회 교육위원회
위원장 박동일

차례

1부. 교회론 — 13

1장. 교회의 본질과 사역 — 15
- 01. 교회의 본질 — 16
- 02. 교회의 사역 — 24
- 03. 나가면서 — 34

2장. 교회의 사명과 선교 — 35
- 01. 교회의 선교 사명 — 36
- 02. 종말론적 선교 — 38
- 03. 선교의 원동력과 수단 — 40
- 04. 신도 사역의 활성화 — 43
- 05. 나가면서 — 44

3장. 교회행정 — 46
- 01. 교회의 정치 행정 — 46
- 02. 교회 — 47
- 03. 교회의 정치 원리 — 48
- 04. 지교회 — 50
- 05. 지교회의 직분과 직원 — 53
- 06. 공동의회와 제직회 — 61
- 07. 치리회 — 62

4장. 교회재정 — 68
- 01. 교회의 재정 — 69
- 02. 치리회별 재산관리 및 재정운용 — 70

차례

2부. 장로교회 — 73

5장. 장로교회의 태동 — 75
- 01. 16세기 종교개혁과 개혁교회들 — 75
- 02. 제네바 장로교회의 태동 — 78

6장. 세계 개혁 장로교회의 형성과 발전 — 83
- 01. 프랑스 장로교회 — 84
- 02. 네덜란드 장로교회 — 86
- 03. 스코틀랜드 장로교회 — 87
- 04. 영국의 장로교회 — 88
- 05. 독일, 폴란드, 헝가리 장로교회 — 92
- 06. 미국과 캐나다 장로교회 — 94
- 07. 한국 장로교회 — 97

7장. 장로교의 신앙고백 — 99
- 01. 신앙고백의 의미와 필요성 — 99
- 02. 장로교회의 신앙고백들 — 101
- 03. 장로교 신앙고백의 특징과 강조점 — 104

8장. 장로교의 정치원리 — 119
- 01. 칼뱅이 제시한 교회정치의 특징 — 120
- 02. 교회정치의 여러 형태 — 121
- 03. 장로교의 정치원리 — 122

9

차례

3부. 장로의 직 — 129

9장. 장로직의 성경적 이해 — 131
01. 구약성경적 배경 — 131
02. 신약성경적 배경 — 134

10장. 장로의 직무, 자격, 교육과 훈련 — 139
01. 장로의 직무 — 139
02. 장로의 자격 — 145
03. 장로 임직 예정자의 교육과 훈련 — 147
04. 당회 운영에 대한 제언 — 148

4부. 장로의 신앙과 삶 — 151

11장. 장로의 신앙 — 153
01. 기본 신앙 — 153
02. 섬기는 지도자로서의 신앙 — 155
03. 치리자로서의 신앙 — 164

12장. 장로의 섬기는 삶 — 169
01. 장로와 덕 — 170
02. 덕을 세우는 교회봉사 생활 — 171
03. 말과 행동이 일치하는 가정생활 — 179
04. 모범적인 사회생활 — 183

차례

13장. 바람직한 장로 상 — 188
- 01. 믿음으로 일하는 장로 — 189
- 02. 말보다 행동으로 하는 장로 — 190
- 03. 목사와 함께하는 장로 — 191
- 04. 성도들의 본이 되는 장로 — 192
- 05. 교회를 화평케 하는 장로 — 193

부록. 장로가 장로에게, 섬기는 사람으로서의 장로 — 195

부록 A. 권면의 말 - 장로가 장로에게 — 197

부록 B. 섬기는 사람으로서의 장로 - 그 사례들 — 219
- 01. 기장의 첫 번째 여성 장로: 강정애 장로 — 220
- 02. 금필헌의 위대한 신앙: 김대현 장로 — 223
- 03. 여권 신장에 앞장을 선 한국문단의 거두: 김말봉 장로 — 228
- 04. 기독교여성운동의 지도자: 나선정 장로 — 233
- 05. 교회와 사회를 섬긴 충실한 일꾼: 서영범 장로 — 237
- 06. 목회자 자녀 학비 지원에 힘쓴 큰 나무: 윤재경 장로 — 242
- 07. 신앙 위에 우뚝 선 민족 지도자: 이승훈 장로 — 248
- 08. 나라와 겨레를 사랑한 영원한 스승: 조만식 장로 — 253
- 09. 겸손으로 봉사한 신앙의 사표: 최태섭 장로 — 258

제1부
교회론

1장
교회의 본질과 사역

그리스도인의 신앙생활은 교회를 떠나서는 생각할 수 없다. 어떤 사람은 교회를 부정하고 혼자서 신앙생활을 할 수 있다고 생각하지만 그것은 성경에서 말하는 올바른 신앙생활이 아니다.

그리스도인은 교회에 모여 함께 하나님에게 예배를 드리고 교육을 받으며 성도와의 교제를 통해서 친교생활을 해야 한다(행 2:43-47). 교회는 서로 다른 영적 체험과 사회적 상황에서 형성된 역사적 산물로서 다양한 형태로 존재하지만 칼뱅의 말처럼 그리스도인을 양육하고 교육하는 어머니와 같은 곳이기 때문이다. 그러므로 그리스도인은 교회에 대한 정확한 이해를 통해서 올바른 신앙생활을 해야 한다.

Section 01 교회의 본질

(1) 종말론적 은사공동체

교회는 본래 예수 그리스도가 이루시려는 하나님 나라의 사역과 함께 시작되었으며(마 16:18), 오순절 성령강림사건을 통해서 역사적으로 태동했다(행 2:1-13). 예수 그리스도는 임박한 종말을 기대했을 뿐만 아니라 산상설교를 통해서 하나님 나라의 대헌장(마 5-7장)을 선포했고, 비유를 통해서 하나님 나라의 본질과 하나님 나라의 도래 방법을 설명했으며, 병든 사람들의 치유를 통하여 하나님 나라의 현존을 증거했다.

> 예수께서 모든 도시와 마을에 두루 다니사 그들의 회당에서 가르치시며 천국 복음을 전파하시며 모든 병과 모든 약한 것을 고치시니라 무리를 보시고 불쌍히 여기시니 이는 그들이 목자 없는 양과 같이 고생하며 기진함이라 이에 제자들에게 이르시되 추수할 것은 많되 일꾼이 적으니 그러므로 추수하는 주인에게 청하여 추수할 일꾼들을 보내 주소서 하라 하시니라(마 9:35-38, 눅 4:18-19 참고)

그리고 예수 그리스도는 세상으로 제자들을 파송하면서 이 모든 하나님 나라의 사역을 제자들에게 위임했다. 그것은 선택 사항이 아니라 반드시 실천해야 할 예수 그리스도의 지상 명령이다.

> 예수께서 이 열둘을 내보내시며 명하여 이르시되 이방인의 길로도 가지

> 말고 사마리아인의 고을에도 들어가지 말고 오히려 이스라엘 집의 잃어버린 양에게로 가라 가면서 전파하여 말하되 천국이 가까이 왔다 하고 병든 자를 고치며 죽은 자를 살리며 나병환자를 깨끗하게 하며 귀신을 쫓아내되 너희가 거저 받았으니 거저 주라(마 10:5-8)

그러므로 교회는 하나님 나라의 복음을 선포하고 하나님 나라의 실현을 위하여 일하는 종말론적 공동체가 되어야 한다. 그것은 교회가 자신의 본질과 사명을 하나님 나라와 관련해서 이해하고 종말론적 희망 속에서 자신의 모든 활동을 정당화한다는 것을 의미한다.

또한 교회는 오순절에 성령체험을 통해서 역사적으로 태동된 성령의 능력 안에 있는 은사공동체다. 십자가에 달려 죽으시고 부활하신 예수 그리스도는 성령으로 공동체에 현존하시며 공동체를 다스린다. 성령은 '하나님의 현존 사건'으로서 교회에게 자신을 계시하며, 교회 안에 현존하며, 교회를 세우고 유지하며, 교회의 모든 지체를 성령의 은사로 충만하게 한다(롬 12:3-8, 고전 12:1-31, 벧전 4:8-11). 즉, 교회는 성령에 의하여 창조된 역사적 공동체이며 성령을 통해 거듭난 사람들의 종말론적 공동체다.

초대교회는 성령체험을 통해서 역사적 예수를 그리스도로 고백했고 예수의 십자가 사건을 하나님의 구원 사건으로 이해했으며 종말론적 희망 속에서 순교의 열정으로 땅끝까지 하나님 나라를 전파했다. 그러므로 성령의 능력 안에 있지 않는 교회는 죽은 교회이며, 성령체험을 부정하는 교회는 생명력을 상실한 종교 집단이 된다. 오늘날 교회는 성령체험을 오해하거나 무시하여 영적 질병에 걸려 있다. 이러한 교회는 대개 선교의 열정이 없으며, 안일하고, 무의미한 신앙생활을 한다(계 3:15-16). 그러나 성령체험은 교회를 살아있는 공동체로 만든다. 틸리히(Paul Johannes Tillich)는 성령에 사로잡힌 '영적 공동체'의 특징을 다음과 같이 설명한다.

① 창조의 황홀한 성격(the ecstatic character of the creation): 성령체험이 없는 교회는 영적 공동체가 아니다. 성령은 교회를 카리스마적 구조로 만든다.
② 신앙의 창조(the creation of a faith): 성령체험은 신앙의 확실성을 창조한다. 신앙의 확실성이 없는 교회는 영적 공동체가 아니다.
③ 사랑의 창조(the creation of a love): 성령체험은 사랑을 창조한다. 자기희생의 사랑이 없는 영적 공동체는 존재할 수 없다.
④ 일치의 창조(the creation of a unity): 성령체험은 일치를 창조한다. 성령은 서로 다른 개인들, 민족들, 전통을 가진 사람을 결합하는 능력이 있다(예 방언). 영적 공동체는 궁극적으로 모든 소외된 사람을 재결합한다.
⑤ 보편성의 창조(the creation of a universality): 성령체험은 보편성을 창조한다. 그것은 성령을 체험한 사람들의 선교 열정으로 나타난다. 즉, 성령체험은 선교 충동을 일으킨다. 선교하지 않는 교회는 영적 공동체가 아니다.

이렇게 성령은 확고한 신앙, 희생적 사랑, 교회의 일치와 선교의 충동을 창조하며 교회를 살아있는 영적 공동체로 만든다. 그러나 성령의 활동은 교회 안에 제한될 수 없다. 성령은 해방의 영으로서 교회뿐만 아니라 세상을 위해서도 일하며 하나님 나라를 위해 일하도록 교회에게 성령의 은사를 부여한다. 그러므로 교회는 하나님 나라의 실현을 위해 모인 공동체로서 예수 그리스도의 죽음과 부활을 회상하며 성령의 능력으로 세상에서 하나님 나라의 사역을 위해 일하는 종말론적 은사공동체가 되어야 한다.[1]

(2) 그리스도의 몸

성경은 교회의 본질을 '그리스도의 몸'으로 표현한다(고전 12:27, 엡 1:23, 4:15). 그리스도는 교회의 머리이며, 교회는 그리스도의 몸이다. 그것은 예수를 그리스도로 믿는 무리들의 모임인 교회가 예수 그리스도와 분리될 수 없는 밀접한 관계가 있다는 사실을 강조하는 말이다. 교회는 살아계신 그리스도의 지체로서 그리스도와 생명적 관계를 가지고 그리스도로부터 위임받은 하나님 나라를 완성하기 위하여 서로 사랑하고 도우며 봉사하는 살아있는 유기체다. 즉, 그리스도인이 된다는 것은 손이나 발이 몸에서 떠나서 살 수 없는 것처럼 교회의 머리되시는 그리스도와 그 지체들인 그리스도인들과 생명적으로 연결되어 있다는 것을 의미한다. 그러므로 그리스도인은 필연적으로 그리스도의 몸 된 교회에 속해야 한다.

---

1 벧후 3:13, 마 10:1, 요 14:15 이하, 요 16:5-15, 행 1:8 참고

나는 포도나무요 너희는 가지라 그가 내 안에, 내가 그 안에 거하면 사람이 열매를 많이 맺나니 나를 떠나서는 너희가 아무 것도 할 수 없음이라 (요 15:5)

또한 교회의 본질이 그리스도의 몸이라는 것은 교회가 전적으로 그리스도에게 의존되어 있으며, 예수 그리스도만이 교회의 주(主)이며 교회를 다스린다는 것이다. 다시 말해서 부활하신 예수 그리스도는 이제 성령으로 교회에 현존하며 말씀을 통하여 교회를 다스린다. 그리스도의 몸으로서의 교회는 가시적 교회면서 동시에 불가시적 교회다. 교회는 하나님의 부르심을 받은 눈에 보이지 않는 성도들의 모임이지만, 동시에 눈에 보이는 조직, 제도, 헌법, 설교, 고백, 성례전을 가지고 있으며 주변 세계와 정치, 경제, 사회, 문화적으로 상호 관련되어 있는 가시적 교회, 곧 바르트의 말처럼 성령의 힘에 의해서 창조되고 지속적으로 갱신되는 '예수 그리스도의 지상적-역사적 존재 형태'다. 이러한 그리스도의 몸 된 교회는 니케아-콘스탄티노플 종교회의에서 고백한 것처럼 네 가지 표지(標識)가 있다.

① 하나의 교회(일치성)

교회의 일치성은 교회의 획일화를 의미하지 않는다. 교회는 교파와 제도가 서로 달라도 하나의 교회다. 그것은 교회의 존재 목적과 신앙이 하나이며 믿음의 대상과 사명이 하나라는 것을 의미한다. 그러므로 교파와 제도가 다양함에도, 하나님에게 부름 받은 교회는 하나임을 잊어서는 안 된다. 더 나아가서 교인들은 교파를 초월해서 교회 일치와 하나님 나라의 실현을 위해서 함께 노력해야 한다(엡 4:4-5).

② 거룩한 교회(거룩성)

교회의 거룩성은 교회가 인간의 조직이나 기관과 구별되게 세움을 받았음을 의미한다. 그것은 교회가 도덕적으로 의인들의 모임이라는 말이 아니다. 그리스도인도 세상 사람처럼 죄 된 인간들이다. 그럼에도, 교회가 거룩하다는 것은 교회 그 자체가 거룩하거나 교회 그 자체가 신앙의 대상이 아니라 교회의 머리이신 예수 그리스도가 그들을 용서하시고 거룩하게 하셨기 때문에 그의 몸 된 교회도 거룩하다는 의미다. 따라서 거룩한 교회는 하나님이 기뻐하시는 뜻을 분별하여 자신을 하나님이 기뻐하시는 거룩한 산제사로 드리기를 힘써야 한다(롬 12:1-13).

③ 보편적 교회(보편성)

교회의 보편성은 예수 그리스도의 사역에 근거한 본질의 동일성을 의미한다. 교회의 형태는 역사적 상황에 따라서 변하지만, 교회의 본질은 어떤 상황에서도 변하지 않는다. 그것은 지리적, 관계적, 시간적, 구성적인 요소와 개인적인 욕구에 제한될 수 없다. 교회의 보편성은 문화적 다양성(인종, 언어, 문화, 계급, 국가, 사회)에 의해서 부정되지 않는다. 그러므로 교회는 단순히 지역문화의 표현이나 지배계급의 도구가 아니다. 교회는 모든 형태의 국가와 사회 속에서 인종, 언어, 문화 계층을 넘어서 존재한다. 따라서 누구나 신분, 인종, 국적의 차이 없이 그리스도인이 될 수 있다.

④ 사도적 교회(사도성)

교회의 사도성은 로마 가톨릭 교회처럼 사도적 계승을 의미하지 않는다. 교회의 역사적, 법적인 근거는 사도직의 계승이 아니라 봉사의 계승에 있기 때문이다. 교회의 사도성은 사도들의 가르침과 인도함을 받았던 초대교회의 모습을 간직해야 한다는 의미다. 다시 말해서 교회의 사도성은 사도들의 규범적 권위, 교훈, 지도와 메시지를 인정하고 받아들이며, 사도들의 사역에 참여하는 것을 의미한다. 그것은 참된 교회와 거짓된 교회를 판단하는 기준이다. 교회는 사도의 증언에 기초하고, 이 증언을 계승하고, 이 증언을 들으므로 날마다 자신을 새롭게 해야 한다.

참된 교회는 이 네 가지 표지에 상응해야 한다. 교회의 본질은 어떤 경우에도 변하지 않지만, 그 형태는 언제나 역사적 상황에 따라서 다양하게 나타난다. 만일 교회의 형태 변화가 본질에 근거하지 않는다면, 그것은 '유행의 추종이고, 시세의 편승'이다. 그러므로 교회의 형태 변화는 자신의 본질로 되돌아가기 위한 부단한 자기 개혁이 되어야 한다.

(3) 선택받은 하나님의 일꾼

교회는 하나님 나라의 사역을 위해서 세상에서 선택받은 하나님의 백성이며, 그것을 위해 세상에서 일하는 하나님의 일꾼이다. 그들은 하나님이 선택한(마 24:24, 31, 막 13:20, 27) 거룩한 사람들이다(행 9:13). 그래서 그들은 자신을 '하나님' 혹은 그리스도의 '에클레시아'라고 불렀다(롬 16:16). 헬라어 '에클레시아'는 구약성경의 히브리어 '카할'을 번역한 것으로 신약성경에서 교회를 의미하는 말이다. 마태복음 16장 18절에 예수가 "나도 너에게 말한다. 너는 베드로다. 나는 이 반석 위에다가 내 교회를 세우겠다. 죽음의 세력이 그것을 이기지 못할 것이다"에서의 교회가 헬라어로 에클레시아. 그 말은 본래 정치적으로 통치자가 보낸 사자를 통하여 불러낸 사람들의 모임 혹은 모인 사람들의 무리로서 구약성경에서 하나님이 선택하여 계약을 맺은 '하나님의 백성'에 상응한다.

그들은 단순한 무리가 아니라 하나님의 부르심을 받아 하나님을 예배하고 하나님의 말씀을 듣고 다시 세상에 나가서 하나님이 분부하신 하나님 나라의 사역을 실천하기 위해서 모인 회중이다(삿 20:1, 왕상 8:13-14). 따라서 교회는 건물, 제도적 기구, 프로그램이나 사람이 상호 이익을 위해 만든 사교 단체, 동호회, 협회가 아니라 하나님이 선택하신 사람들의 모임이다. 곧 예수 그리스도를 구주로 믿고 그를 예배하기 위하여 하나님이 그리스도와 성령을 통해서 세상으로부터 불러낸 사람들의 모임으로 예수 그리스도의 죽음과 부활을 통하여 하나님과 새로운 계약을 맺은 하나님 백성의 공동체를 의미한다. 그러므로 교회는 목사와 신도에게 속한 것이 아니라 하나님에게 속한 것이다. 하나님이 교회를 유지하는 분이시다. 하나님은 교회를 만들고 양육하고 성장하게 하신다. 이런 의미에서 교회는 사유화되거나 자식에게 세습될 수 없다.

참된 교회는 하나님의 부르심을 받고 그리스도를 주님으로 고백하는 사람들이 모여 그리스도의 말씀을 듣고 주의 만찬에 참여하며 하나님에게 예배를 드리고 하나님이 맡기신 하나님 나라의 실현을 위해 모인 일꾼들이다. 곧 참된 교회는 경건주의자들이 주장하듯이 형식적으로

교회에 소속된 사람들의 모임이 아니라 성령을 통해 중생한 사람들의 모임이다. 그러므로 교회는 하나님 나라의 완성을 위해 예수 그리스도로부터 전권을 위임받은 하나님의 대리자로서 하나님의 주권에 대항하는 모든 권세에 대항하여 싸워야 한다. 즉, 교회는 하나님 나라를 실현하는 역사적 도구로써 인간을 억압하고 착취하는 정치경제적 제도, 인간을 소외시키는 사회문화적 질서, 하나님과 인간의 직접적 관계를 파괴하는 종교적 제도를 극복해야 한다. 그것은 죄로부터의 해방, 정치경제적 해방, 사회문화적 해방, 질병과 운명으로부터의 해방, 종교로부터의 해방, 자연의 해방과 죽음으로부터의 해방을 의미하는 '총체적 구원'을 선포하는 것이다. 예수 그리스도는 이러한 교회의 선포를 통해서 통치하며 하나님 나라의 사역을 지속적으로 유지한다.

Section 02 교회의 사역

교회의 사역은 예수 그리스도로부터 위임받은 하나님 나라의 사역을 완성하는 일이다(마 6:33). 바르트는 교회의 사역을 마가복음 6장 12~13절과 누가복음 9장 6절에 근거해서 크게 말씀의 사역과 행위의 사역으로 나눈다.

- 말씀의 사역: 하나님을 찬양, 회중에게 복음 선포, 공동체 교육, 공동체 주변의 복음화, 비기독교 지역에 대한 선교, 신학의 임무 등
- 행위의 사역: 기도, 영혼의 치유, 기독교적 삶의 모범, 공동체 내외

의 가난한 사람을 구제하는 집사의 직분, 사회에서 예언자적 행동, 국가들, 인종들, 문화들, 경제적 계급들 사이에 친교의 확립 등

칼뱅에 의하면 교회의 사역은 그리스도로부터 위임받은 봉사(디아코니아)로서 특별한 사람만이 아니라 전체 교회에 속한 기능이다. 여기서는 마태복음 4장 23절에 나타난 예수 그리스도의 사역에 근거해서 교회의 사역을 크게 세 가지로 서술했다.

(1) 예배

예배는 교회의 가장 중요한 사역이다. 예배는 온 우주와 생명체를 지으시고 그 생명에게 풍성한 복을 내려 주시는 창조주 하나님의 사랑과 구원의 은총에 대한 전인적인 감사와 경배와 찬양이다. 또한 예배는 예수 그리스도의 구원 역사를 기념하고 축하하는 잔치이며, 그 구원의 역사를 예배자들의 삶속에서 증언하고 실천하도록 용기와 능력을 부여하는 축제다. 교회는 예배를 통하여 하나님과의 만남을 지속하고 신앙을 고백하며 예배를 통해서 주시는 성령의 능력으로 하나님의 자녀로서 맡겨진 사명을 다하게 된다.

전통적으로 그리스도교 예배는 니케아 종교회의(325년), 콘스탄티노플 종교회의(381년)와 칼케돈 종교회의(451년)를 거치면서 그리스도론적 예배와 삼위일체론적 예배로 정착했다.

- 그리스도론적 예배: 예배 전체를 예수 그리스도 생애의 요약으로 보

는 전통이다. 곧 예수 그리스도의 탄생부터 승천까지를 예배로 요약하고 기념하는 것이다. 이 전통에서 예배는 크게 말씀의 예배와 성만찬 예배로 나뉜다. 말씀의 예배는 예수 그리스도의 공생애에 초점이 맞춰져 있으며, 성만찬 예배는 예수 그리스도의 죽으심과 부활과 승천을 기념하고 축하하는 데 목적이 있다.

- 삼위일체론적 예배: 성부, 성자, 성령의 예배로 구분된다. 성부 하나님의 예배는 부르심과 응답, 경배와 찬양, 죄의 고백과 용서로 구성되며, 성자 예수 그리스도의 예배는 말씀의 예배와 성만찬 예배를 의미하며, 성령의 예배는 친교와 파송의 예배로서 성도의 사귐, 헌금, 선교적 사명과 파송, 축도 등으로 구성된다.

그러나 이러한 전통적인 예전적 예배는 깊은 신학적 의미가 있음에도, 예배의 형식과 순서에 너무 치중하여 형식적일 뿐만 아니라 목회자의 일방적인 선포, 고정된 순서와 기계적 진행을 통해서 예배의 생동감이 상실된다. 신도는 예배에서 찬송과 헌금과 일정한 예배 형식에만 참여할 뿐 언제나 수동적인 청중으로만 존재한다. 또한 예전적 예배의 강조는 주일에 일정한 형식과 순서에 의해서 집행되는 예전적 행위만을 예배로 이해하기 때문에 예배와 일상, 주일과 평일, 하나님 섬김과 이웃 섬김을 분리한다. 따라서 전통적인 예전적 예배만을 올바른 예배로 고집하는 것은 무의미하다.

예배는 형식과 순서가 아니라 그 본질이 중요하다. 예배의 형식과 순서는 예배의 본질을 표현하는 틀이기 때문에 언제나 그 시대의 문화와 가치관에 맞게 만들어야 한다. 오늘날 부흥하는 교회들은 대부분 전통적 예배 형식에 얽매이지 않으며 과감하게 예배의 형식과 순서를 개혁한 교회들이다. 그들은 비예전적 예배를 드리며, 평범한 일상용어를 사용하고, 원고 없는 즉흥적이고 감정적인 설교와 설교 시에 예화와 간증을 많이 사용한다. 또한 예배는 주일에 교회에서 일정한 순서에 의해서 드리는 예전만을 의미하지 않는다. 예배는 교회 안에서 행하는 예전만이 아니라 일상적 삶이 곧 예배가 되어야 한다. 그것이 하나님이 기뻐하는 거룩한 산 제물로 드리는 영적 예배다(롬 12:1). 그때 주일 예배는 일상 속의 예배와 결합되며 평일 예배의 시작이 된다. 일반적으로 예배는 말씀의 선포, 성만찬, 기도, 찬송, 성도의 교제로 구성된다(행 2:42).

① 말씀의 선포

말씀의 선포는 교육적 선포, 목회적 선포, 예언자적 선포로 구분한다.

- 교육적 선포: 유대교의 회당에서부터 유래했으며 성경봉독을 핵심에 두고 권면과 훈계를 했다.
- 목회적 선포: 목회자가 성경말씀을 인용하여 문안, 인사, 사죄의 선포와 축도의 형태로서 회중에게 선포하는 말씀을 뜻한다.
- 예언자적 선포: 설교를 의미한다.

예수 그리스도는 이 말씀을 통해서 임재하시며 하나님의 사건을 현실화한다. 예배자들은 예배를 통해 생명의 근원이신 예수 그리스도와 연합하므로 새로운 신앙의 힘을 얻어 세상 속에서 하나님을 섬기며 살게 된다. 그러므로 그리스도인은 언제나 말씀의 선포를 경청해야 한다.

말씀의 선포와 관련해서 가장 중요한 것은 선포의 내용이다. 루터는 설교의 직무를 말씀과 성례전을 통하여 의인론의 신앙을 중개하는 영적 직무로 이해했다. 이런 전통에 따라서 교회는 의인론을 복음의 내용으로 선포했다. 그 결과 교회는 개인의 영혼구원을 선포의 과제로 이해했다. 그것은 예수 그리스도가 선포한 복음의 축소이다. 예수 그리스도는 의인론이 아니라 하나님 나라의 복음을 선포했다. 그 내용은 "하나님 나라가 가까이 왔다(막 1:14-15)"라는 것이다. 이는 만민의 구원을 대상으로 하지만 특별히 가난한 사람, 병든 사람, 억압당하는 사람들의 구원에 관심이 있다(마 9:36). 예수 그리스도는 세상으로 제자들을 파송하면서 하나님 나라의 복음을 전파하라고 명령했다(마 10:5-8). 그러므로 교회는 예수 그리스도가 위임한 하나님 나라의 복음을 다시 설교의 내용으로 선포해야 한다.

② **성만찬**

성만찬은 예배를 구성하는 중요한 요소이다. 성만찬은 "이것을 행하여 나를 기억하여라(고전 11:23-29)"라는 주님의 명령에 근거하며 성령의 임재를 기원하는 기도로 시작하여 예수 그리스도의 삶과 죽음과 부활을 회상하는 감사의 고백과 그리스도의 해방 사건에 동참하는 헌신의 고백으로 구성된다. 일반적으로 성만찬은 세례교인에게만 허락된다. 그것은 주후 2세기에 세례교인들만 남아 별도의 성만찬을 거행하는 비밀예배에서 시작되었다. 서방교회는 6세기에 이 비교의식(秘敎儀式)을 폐지했으나 동방교회는 아직도 고수하고 있다.

오늘날 대부분의 교회는 절기에 따라서 성만찬을 행하고 일반 주일

예배에는 성만찬이 없는데, 그 전통은 중세교회에서 시작되었다. 성만찬은 하나님의 은총을 받는 소중한 수단 중 하나로써, 눈에 보이는 하나님 말씀으로서 예배자에게 체험되고 그 영혼을 소생시킨다. 성만찬에 참여하는 사람은 그리스도의 십자가 사건을 기억하며 언제나 새롭게 그분과 생명적인 관계를 유지하며, 그 삶을 따르는 결단을 해야 한다.

③ 기도

기도는 하나님이 그의 자녀들인 그리스도인에게 허락하신 특권으로 하나님을 향한 복종의 행위이며 하나님 나라의 완성을 간구하는 믿음과 희망의 종말론적 행위다.

> 구하라 그리하면 너희에게 주실 것이요 찾으라 그리하면 찾아낼 것이요 문을 두드리라 그리하면 너희에게 열릴 것이니 구하는 이마다 받을 것이요 찾는 이는 찾아낼 것이요 두드리는 이에게는 열릴 것이니라 너희 중에 누가 아들이 떡을 달라 하는데 돌을 주며 생선을 달라 하는데 뱀을 줄 사람이 있겠느냐 너희가 악한 자라도 좋은 것으로 자식에게 줄 줄 알거든 하물며 하늘에 계신 너희 아버지께서 구하는 자에게 좋은 것으로 주시지 않겠느냐 그러므로 무엇이든지 남에게 대접을 받고자 하는 대로 너희도 남을 대접하라 이것이 율법이요 선지자니라 (마 7:7-12)

기도는 간구, 기원, 중보, 감사로 구분된다 (딤전 2:1).

- 간구: 하나님에게 청원하는 기도를 의미한다.

- 기원: 성령 임재와 하나님의 초대를 간구하고 예배자들의 마음을 하나님에게 향하게 하는 간결한 내용으로 이루어져야 한다.
- 중보: 구약성경의 전통에서 대제사장이 지성소에 들어가 백성들의 죄를 대신하여 제사드렸던 전통에 근거를 두고 있으며 그 내용은 전통적으로 교회를 위한 기도, 교역자와 신도를 위한 기도, 국가와 세계를 위한 기도, 교회의 어려운 사람을 위한 기도로 채워진다.
- 감사: 일상의 삶속에서 하나님에게 받은 은혜에 대한 기도다.

기도는 화려한 미사여구보다는 간절한 마음을 담아 간결하게 해야 한다.

④ 찬송

바울은 "시와 찬송과 신령한 노래를 부르며 감사하는 마음으로 하나님을 찬양하라(골 3:16)"라고 권면했다. 찬송은 곡조 있는 기도, 신앙고백, 응답, 송영과 영창, 하나님의 말씀이라는 성격이 있으며, 찬송이 담고 있는 메시지의 내용에 따라서 탄식, 구원, 위로, 친교, 감사, 희망 등으로 구분된다. 회중 찬송은 이미 유대교에서 만들어지고 불리웠으며 처음에는 주로 시편에 운율을 넣어 사용했다. 16세기 종교개혁시대에 제네바 시편 찬송은 회중 찬송의 발전에 큰 전환을 가져왔으며, 그 후 웨슬레의 부흥운동과 미국의 부흥운동은 회중 찬송을 널리 보급하는 데 크게 기여했다. 현재 한국교회에서 사용되는 찬송가는 대부분 미국교회의 찬송을 번역하여 사용하고 있는데, 앞으로 한국인의 영성과 정서에 맞는 우리 가락의 찬송을 적극 계발하고 사용해야 할 것이다.

⑤ 성도의 교제

초대교회에서 성도의 교제(코이노니아)는 물질적 나눔을 통한 밥상공동체의 실현으로 구체화되었다. 성도의 교제에는 헌금, 평화의 인사, 교회 소식(광고)이 있다. 초대교회는 가난한 형제를 돕기 위해서 헌금을 강조했으며(고전 16:1-2), 이 구제의 직무를 위하여 집사제도를 만들었다. 평화의 인사는 처음에는 사제가 예배에 참여한 성도에게 평화를 빌어 주는 형태로 시작되었으며 그 다음에는 성도 중에서 한 사람을 포옹해 주는 형태로 계속되다가 후에는 성도들이 서로 포옹하며 평화를 빌어 주는 형태로 발전했다. 교회 소식은 중요한 그리스도인들의 생활 나눔 시간이다. 이 시간을 통하여 그리스도인들은 형제 자매로서 서로 유대감을 증진시킨다.

루터와 칼뱅은 성도의 교제를 교회의 본질로 이해했다. 루터에 의하면 교제는 성령을 통해서 그리스도인들이 그리스도의 지체로서 하나된다는 사실에 근거하며 참여와 나눔, 곧 물질의 공유와 소유의 나눔, 영적이며 물질적 상호 도움, 고난의 참여를 의미한다. 그리스도인들이 함께 모여 서로 위로하고, 돌보고, 봉사하고, 사랑을 나누고 서로 관심을 가지고 보살피는 믿음으로 교제하는 친교는 교회에 활기를 불어 넣는 윤활유다(갈 6:10).

(2) 교육

교육은 교회의 본질에 속한다. 칼뱅에 의하면 교회는 '신도의 어머니'다. 그것은 교회가 신도들의 영적 훈련소로서 교회의 교육적 사명을 강조한 말이다. 예수 그리스도는 공생애 기간 동안에 회당에서, 산 위에서, 사람들이 모이는 곳에서 언제나 하나님 나라의 복음에 대해서 가르치셨다. 그때문에 가르치는 일은 초대교회 때부터 교회의 필수적인 과제였다. 그러므로 교육을 하지 않는 교회는 참된 교회가 될 수 없다. 교회는 하나님의 말씀, 영적 성장과 신앙생활에 필요한 모든 것을 가르쳐야 하며 그리스도인들은 교회의 가르침을 겸손한 마음으로 배워야 한다. 배우는 일을 게을리하거나 무시하는 그리스도인은 참된 그리스도인이 될 수 없다.

특히 교회는 인간과 자연을 파괴하는 죽임의 문화에 대항하여 생명과 평화 교육에 힘써야 한다. 그것은 하나님이 창조한 온 생명이 함께 하나님의 축복을 누리며 살아가도록 협동과 상생의 삶을 훈련한다. 교회교육의 궁극적인 목표는 그리스도인들로 하여금 하나님이 이루시려는 재창조의 역사를 깨달아 알게 하고, 믿음과 소망과 사랑으로 응답하게 도와서 하나님의 주권이 확립된 새로운 질서 창조의 전위대가 되게 할 뿐만 아니라 저희에게 맡겨진 사명을 다할 수 있도록 육성하고 훈련하는 일이다. 이와 관련해서 교회는 유치부, 청소년부, 청년부만이 아니라 성인 그리스도인에게도 교회 교육을 실시해야 한다.

(3) 치유

현대 신학은 예수의 치유 사건을 신화적, 상징적 사건으로 해석하여 그 신학적 의미만을 인정했다. 또한 일부 신학자들은 계시의 유일회성에 근거하여 신유의 은사를 사도시대에만 가능한 특수한 은사로 간주했다. 그러나 치유는 예수 그리스도의 하나님 나라 운동에서 가장 중요한 사역이었다. 예수 그리스도는 병든 사람에게 새 생명을 주기 위하여 그 질병의 고통을 자신의 것으로 만든 대리적 고난을 통해서 모든 질병과 모든 아픔을 치유했다(사 53:4-5). 이러한 예수 그리스도의 전인적 치유는 예수 그리스도의 대리적 고난 즉, 생명의 나눔을 통해서 파괴된 하나님과 인간의 관계를 회복하며, 분리된 영혼과 육체를 일치시키며, 파괴된 인간과 인간의 사회적 관계를 회복시킨다. 따라서 성경에서 치유는 구원과 의미가 동일하다. 치유는 병든 육체를 '하나님의 생명과 능력', '부활의 생명'으로 치유하는 생명의 거듭남(신생, 新生)이다. 따라서 정신적, 육체적 질병의 치유는 생명의 은사적 회복에 속한다.

예수 그리스도는 제자들을 세상에 파송하면서 복음 선포와 함께 "앓는 사람을 고쳐 주며, 죽은 사람을 살리며, 나병 환자를 깨끗하게 하며, 귀신을 쫓아내어라. 거저 받았으니, 거저 주어라(마 10:8)"라고 명령했다. 그것은 정신적이며 육체적 질병만이 아니라 사회적 질병의 치유를 의미한다. 이렇게 치유는 예수 그리스도로부터 위임받은 교회의 선교 사명이다. 교회는 영혼과 마음을 치유해야 하며, 그것을 통하여 분열된 사회적 관계를 회복시켜야 한다.

이러한 교회의 치유는 인간의 잠재의식을 활용하는 심리학적 치료, 무당의 신통술과 강신술, 동양 종교의 치유와 구별된다. 성경적 치유는 인간의 병 고치는 능력이 아니라 성령이 인간을 도구로 사용하여 그의 치유의 능력을 나타내는 것이다. 이런 치유만이 구원론적 의미가 있다. 성령은 생명의 영이기 때문에 생명을 억압하는 모든 세력과 대립하며, 개인의 질병의 치유를 넘어서서 사회의 구조적 질병과 자연의 생태학적 질병도 함께 치유한다. 따라서 치유는 인간의 질적 변화와 창조물의 궁극적 새로움을 지향하는 우주적 생명 운동이다.

Section 03 나가면서

교회는 예수 그리스도의 지상적-역사적 존재 양태와 하나님 나라의 실현을 위해서 일하는 하나님 나라의 일꾼들의 모임으로, 예수 그리스도의 십자가 죽음과 부활을 회상하며 성령의 능력 안에서 하나님 나라의 사역을 위해 일하는 종말론적 은사공동체다. 그것은 교회가 자신의 본질을 하나님 나라의 도래와 관련해서 이해하고 종말론적 희망 속에서 자신의 모든 사역을 정당화한다는 것을 의미한다. 그러므로 참으로 자신의 본질에 충실한 교회는 그 자체가 목적이 아니라 하나님의 도구로써 예수 그리스도로부터 위임받은 하나님 나라의 사역을 충실히 실천하는 교회다. 그리고 참된 그리스도인은 십자가의 군병으로서 이 세상에서 하나님 나라의 도래를 위하여 일하는 사람이다.

2장
교회의 사명과 선교

선교의 내용, 목적과 방법은 복음에 대한 이해, 역사적 상황과 문화의 변천에 따라서 다양한 형태로 발전되어 왔으며 크게 고전적 선교와 하나님의 선교(Missio Dei)로 구분할 수 있다. 그러나 그것은 근대사회에 만들어진 선교 방법으로써 전통적 가치관과 삶의 양식이 붕괴되는 포스트모던 사회에는 한계가 있기 때문에 새로운 선교 방법을 모색해야 한다. 그것은 두 선교 방법의 한계를 넘어서 철저하게 하나님 나라의 복음에 근거한 종말론적 선교다. 그것은 총체적 구원의 선포를 통해서 세상의 권세들과 투쟁하며 하나님 나라를 완성하는 선교다. 이러한 종말론적 선교는 하나님 나라를 완성시키는 성령과 그의 대리자인 교회에 주목하며 선교의 원동력과 수단으로써 성령체험과 성령은사를 강조한다.

Section 01 교회의 선교 사명

선교는 예수 그리스도로부터 위임받은 지상 명령이다. 그는 산상설교를 통해서 하나님 나라의 대헌장을 선포했고, 비유를 통해서 하나님 나라의 본질과 도래 방법을 설명했으며, 세리와 죄인들의 친구로서 가난한 사람에게 임박한 하나님 나라의 도래를 선포하고 병든 사람을 고치므로 하나님 나라의 현존을 확증했다(눅 11:20). 이러한 예수 그리스도의 하나님 나라 사역은 교회에게 위임되었다. 따라서 선교는 예수 그리스도로부터 위임받은 하나님 나라의 사역을 완성하는 종말론적 운동이다. 교회는 이 선교 과제를 위해서 특별히 선택받은 하나님의 일꾼이며 그것을 위해 세상에서 일하는 '하나님의 대리자'다. 그것은 교회가 본질적으로 선교 공동체라는 사실을 의미한다.

선교는 생명을 구원하는 일이다. 그것은 총체적 구원을 선포하여 모든 사람을 구원하는 일이지만 세상 권세에 희생당한 민중에게 특별한 관심을 가진다. 한 사람도 하나님 나라에서 소외당하는 일이 없어야 한다. 특히 '잃어버린 양들', 구체적으로 병든 사람, 죽은 사람, 나병환자, 귀신 들린 사람들은 반드시 치유되어서 하나님 나라의 가족이 되어야 한다(마 10:7-8). 그러므로 교회는 목자의 심정으로 잃어버린 양에게 가서 정신적 질병, 육체적 질병, 사회적 질병을 치유해야 한다. 교회는 그 일을 하도록 부름을 받았으며 그 일을 할 수 있는 권능을 받았다(마 10:1). 그것이 교회가 하나님 나라의 완성을 기다리며 세상에서 해야 할 종말론적 선교의 최우선 사명이다. 그러나 고전적 선교는 복음 선포를 통하여 불신자를 회개시켜서 교인으로 만들어 잘 양육하고 가르치는 것으로 선교 과제를 이해했다. 그것은 예수 그리스도로부터 위임받은 선교 사명을 개인의 영혼구원으로 축소하여 복음을 심각하게 왜곡했다.

그러므로 교회는 예수 그리스도로부터 위임받은 선교 사명을 회복해야 한다. 교회는 예수 그리스도로부터 전권을 위임받은 하나님의 대리자로서 하나님의 주권에 대적하는 모든 세상 권세에 대항하여 싸워야 한다. 즉, 교회는 하나님 나라의 역사적 실현의 도구로써 인간을 억압하고 착취하는 정치경제적 제도, 인간을 소외시키는 사회문화적 질서, 하나님과 인간의 직접적 관계를 파괴하는 종교적 제도를 극복해야 한다. 그것은 죄로부터의 해방, 정치경제적 해방, 사회문화적 해방, 질병과 운명으로부터의 해방, 종교로부터의 해방, 자연의 해방과 죽음으로부터의 해방을 의미하는 '총체적 구원'의 선포를 통해서 실현된다. 따라서 교회는 그 자체가 목적이 아니라 하나님 나라와 세상 나라와의 투쟁을 위해(요일 2:18) 부름 받은 하나님의 대리자로서 세상 권세와 싸우는 '전투 공동체(Ecclesia Militans)'다. 그리고 교인들은 이 영적 싸움을 하는 하나님의 군대이며 십자가의 군병들이다. 그들의 전신갑주는 성령의 은사다(엡 6:10-17). 그러므로 교회는 하나님 나라가 도래하는 이 종말론적 순간에 모인 공동체로서 하나님 나라의 성취와 완성의 긴장 관계 속에서 성령의 능력으로 하나님 나라의 완성을 위해 일하는 종말론적 선교공동체가 되어야 한다.

Section 02 종말론적 선교

교회는 포스트모던 시대에 알맞은 새로운 선교 방법을 개발해야 한다. 일반적으로 잘 알려진 선교 방법은 전통적인 고전적 선교와 산업화 시대에 만들어진 하나님의 선교다.

- 고전적 선교: 복음을 전파하여 이방인을 개종시켜서 영혼을 구원하는 데 목적이 있으며 교회를 선교의 주체로 강조하고 선교를 교회의 확장으로 이해한다.
- 하나님의 선교: 하나님의 샬롬을 선포하여 정치적 억압, 경제적 착취와 사회문화적 소외로부터 인간을 해방하는 인간화를 목표로 하며 하나님을 선교의 주체로 강조하고 선교를 하나님의 정의 실현으로 이해한다.

고전적 선교가 복음화를 통한 이교도의 개종과 개인의 구원, 교회의 확장을 강조한다면, 하나님의 선교는 인간화를 통한 사회구조악의 제거와 사회구원, 하나님의 샬롬 실현에 관심을 가진다. 이러한 상반된 선교 방법은 "복음화냐 인간화냐, 영혼구원이냐 사회구원이냐, 양적 성장이냐 질적 성숙이냐" 등 교회에서 진보와 보수 논쟁을 일으켜 교회가 분열하는 원인이 되었다.

두 선교 방법은 각각 장점이 있지만 하나님의 총체적 구원을 단편적으로 강조하기 때문에 포스트모던 시대의 선교 방법으로 한계가 있다. 고전적 선교는 인간의 실존적 문제와 영적 변화에 관심을 가지며 하나님 나라의 초월성을 강조하여 복음을 탈역사화 혹은 심령화시킨다. 반대로 하나님의 선교는 인간을 억압하는 사회구조악과 사회개혁에 관심을 가지며 하나님 나라의 현실성을 강조하여 복음을 정치 이데올로기로 변질시킬 위험이 있다. 또한 고전적 선교는 이방인을 개종시켜서 교회를 성장시키는 데 큰 공헌을 했지만 복음을 개인적 차원으로 축소하며 선교의 목적을 개인의 영혼구원으로 이해하는 한계가 있다. 그러나 하나님의 선교는 산업화 사회에서 교회의 사회적 책임성과 민중에 대한 사회선교를 강조하는 장점이 있지만 역사 안에서 하나님의 구원 활동을 지나치게 강조하기 때문에 하나님 나라의 성취와 완성이라는 '종말론적 중간 시간'이 부정되어 교회와 그리스도인의 선교 책임과 실천을 약화시킨다.

그러므로 이러한 선교 방법의 한계를 극복하고 포스트모던 사회의 삶의 양식과 문화에 알맞은 새로운 선교 방법이 개발되어야 한다. 그것은 단순히 고전적 선교와 하나님의 선교의 장점만을 종합한 선교나 개인의 영혼구원과 사회구원을 결합한 선교 방법이 아니라 온 생명을 총체적으로 구원하는 선교 방법이어야 한다. 그것은 철저하게 하나님 나라에 근거하며 하나님 나라의 역사적 실현과 종말론적 완성을 지향하는 종말론적 선교다. 그것은 하나님 나라가 전 우주님을 구원하는 '우주적 사랑의 공동체'이기 때문에 개인구원이나 사회구원을 일방적으로 강조하지 않으며 총체적 구원을 선포한다. 그것은 종교적 메시지를 선포하여 하나님과 인간의 올바른 관계를 회복하며 사회적 메시지를 통해서 사회분열을 극복하여 하나님 나라를 완성한다. 다른 말로 표현하면, 종말론적 선교는 개인구원과 사회구원은 물론 질병과 운명으로부터의 해방, 하나님과 인간의 직접적 관계를 방해하는 종교(혹은 교리와 신학)로부터의 해방, 자연의 해방 그리고 죽음으로부터의 해방을 포함하는 총체적인 구원을 선포한다. 그때문에 종말론적 선교는 하나님 나라를 완성시키는 성령과 그의 대리자인 교회를 선교의 파트너로 고백하고 하나님의 주권을 확립하기 위하여 세상의 권세들과 투쟁하며 하나님 나라를 완성시킨다. 이러한 종말론적 선교는 고전적 선교와 하나님의 선교에 대한 한계를 극복하는 21세기 새로운 선교 방법이다.

Section 03 선교의 원동력과 수단

성령은 하나님 나라를 완성하는 선교의 원동력이다. 요한복음에 의하면 예수님의 승천 이후 예수 그리스도로부터 위임받은 선교 사명은 오직 '성령의 오심'을 통해서만 실현된다(요 7:39, 14:12-17). 성령은 하나님 나라를 완성시키는 힘과 능력이다. 특히 성령은 교회를 창조하고 유지할 뿐만 아니라 진리로 인도하고 영적 능력을 주어 하나님 나라를 완성시킨다(요 14:12, 26, 20:21-23). 즉, 성령은 교회를 하나님 나라를 위하여 일하는 종말론적 선교 공동체로 만든다. 그러므로 선교는 하나님 나라를 완성하는 성령의 역사에 동참하는 일이다.

교회가 아무리 좋은 선교 방법과 수단을 확보했을지라도 하나님 나라는 말에 있지 않고 능력에 있기 때문에 성령의 인도와 능력이 없으면 그 모든 것은 무용지물이 된다(고전 4:20). 그래서 예수님은 "오직 성령이 너희에게 임하시면 너희가 권능을 받고 예루살렘과 온 유대와 사마리아와 땅 끝까지 이르러 내 증인이 되리라(행 1:8)"라고 말씀하셨고, 제자들을 세상에 파송하면서 "더러운 귀신을 쫓아내며 모든 병과 모든 약한 것을 고치는 권능"을 주셨다(마 10:1). 여기서 '오직 성령이 너희에게 임하시면'은 증인이 되기 위한 전제 조건이다. 실제로 예수의 제자들은 오순절 성령강림사건을 통하여 성령을 체험한 후에 선교사역을 시작했다. 또한 바울은 '하나님을 힘입어' 복음을 선포했다(살전 2:2). 그것은 선교할 때 전적으로 성령의 능력을 의지했다는 의미다. 그러므로 예수 그리스도의 증인이 되어 세계만방에 복음을 전파하기 위해서는 먼저 성령체험을 통해 권능을 받아야 하며 성령과의 교제를 통해 인도를 받아야 한다. 성령체험은 종말론적 선취 사건으로서 하나님 나라의 성취와 완성의 긴장관계 속에서 세상을 본질적으로 변화시키는 선교의 역동적 힘이다(겔 36:22-32).

성령체험이 없는 사람은 선교의 사명을 감당할 수 없다. 성령을 체험한 사람은 이미 세상에서 하나님 나라의 미래를 맛 본 사람들로서 메시아 의식을 가지고 선교를 한다(롬 8:23, 고후 1:22, 5:5, 히 6:4-6). 그 선교 수단은 성령의 은사다(히 2:3-4). 즉, 성령의 은사는 하나님이 그의 나라를 완성하기 위하여 교회에게 주는 영적 권능이며 세상 권세와 싸우는 영적 무기다(눅 10:17-20). 성령의 은사는 그리스도인에게 신적 능력을 부여하여 자신의 운명을 스스로 헤쳐 나가도록 한다. 다시 말해서 성령의 체험은 그리스도인을 내면적으로 변화시키고, 성령의 은사는 그리스도인에게 능력을 부여하여 하나님 나라의 사역을 감당하게 한다. 요한복음은 제자들의 영적 능력이 예수님의 능력을 초월하리라는 기대를 했다(요 14:12). 즉, 성령의 업적은 그리스도 자신의 업적보다 위대하다는 것이다. 그러나 성령의 은사는 신적 능력이나 교회의 직무에 제한되지 않는다. 성령은 인간의 전체 삶의 역사를 카리스마적으로 만들기 때문에(롬 1:11, 고후 1:11, 딤전 4:14, 딤후 1:6) 인간의 모든 선천적 혹은 후천적 능력은 예수 그리스도 안에서 사용된다면 소명을 통하여 은사가 될 수 있다(고전 7:17).

이러한 성령의 은사는 오순절 성령강림사건을 통해서 보편화되었다. 이제 성령의 은사는 특정한 사람의 전유물이 아니라 성적(性的) 차이, 연령의 차이와 사회적 신분의 차이를 넘어서 모든 사람에게 주어졌다(욜 2:28-32). 그러나 성령의 은사는 인간이 마음대로 획득하여 소유하거나 타인에게 전수할 수 있는 소유물이 아니다. 그것은 성령이 "그 뜻대로 각 사람에게 나누어주는 선물이기 때문이다(고전 12:11)." 더 정확하게 표현하면 "각 사람에게 성령의 나타남이다(고전 12:7)." 그것은 성령이 자신의 뜻대로 인간을 도구로 사용한다는 것을 의미한다. 그러므로 가장 좋은 기도는 어떤 은사를 달라는 간구보다는 성령의 도구가 되기를 간청하는 것이다(고전 14:12). 이러한 성령의 은사는 그 자체가 목적이 될 때 은사주의에 빠지게 되며 오직 하나님 나라의 확장, 곧 선교를 위해서 사용될 때에만 은사로서 가치가 있다.

교회는 예수 그리스도로부터 위임받은 선교 사명을 잘 감당하기 위하여 먼저 성령의 활동과 은사를 제한하는 모든 제도와 구조를 개혁해야 하며, 교역자가 성령체험을 통하여 영적 세계를 이해하고 교인들의 다양한 은사를 잘 활용하고 은사에 적합한 직무를 개발하여 그들이 자신의 은사를 자유롭게 활용할 수 있도록 해야 한다. 그때 그리스도인들은 능동적으로 종말론적 선교에 참여하게 된다.

Section 04 신도 사역의 활성화

신도는 삶의 최전선에서 선교의 사역을 실천하는 선교의 주체다. 그러므로 교회는 다양한 전문성을 지닌 신도를 양육하고 그들의 은사를 계발하여 그들 삶의 현장에서 선교의 사역을 감당하도록 해야 한다. 이러한 신도 사역을 활성화하기 위하여 교회는 교회의 조직을 수평적인 은사 중심으로 만들어야 한다. 기존 교회는 수직적 질서 속에서 연령별, 남여별, 사업별로 조직을 만든다. 예를 들면 남·여신도회는 대부분 연령별로 구분되어 있다. 그때문에 다양한 은사가 혼합되어 있어서 관심이 떨어지고 구성원 사이에 불평이 생겨서 선교 사업을 효율적으로 실천할 수 없다. 따라서 은사에 따라서 교회조직을 구성하면 구성원들의 은사와 관심이 일치하기 때문에 더 효율적으로 선교의 목적을 달성할 수 있을 것이다.

이러한 신도 사역의 활성화는 교역자와 신도가 수직적 관계를 유지하면서 신도를 잘 양육하여 교역자의 사역을 돕는 사람으로 만드는 것이 아니라 교역자와 신도가 모두 예수 그리스도의 제자로서 하나님 나라의 도래를 위해 함께 일한다는 것을 의미한다. 루터에 의하면 그리스도인들은 모두 세례를 통해서 안수 받은 제사장들로서 교역자와 신도 사이에는 신분의 차이가 아니라 직무의 구별만이 있다. 교역자와 신도는 서로 다른 은사를 가지고 하나님 나라의 사역을 위하여 함께 일하는 동역자다. 그러므로 교회는 교역자와 신도가 대등한 입장에서 하나님 나라의 실현을 위하여 함께 일하는 수평적 교회가 되어야 한다.

그러나 신도 사역에서 가장 중요한 일은 교역자와 신도가 서로를 올바로 이해하는 것이다. 교역자는 신도를 통제하는 지배자가 아니라 그들을 하나님 나라의 복음을 선포하는 동역자로 이해하고, 그들이 하나님 나라의 사역에 능동적으로 참여하도록 도와주는 돕는 사람이라는 인식을 해야 한다. 따라서 교역자는 다양한 예배와 설교와 교육을 통하여 신도가 성숙한 신앙인으로 성장하여 세상에 봉사하도록 도와야 한다. 반대로 신도는 자신의 직무와 소명이 목회자와 다르다는 것을 인식해야 한다. 즉, 직무의 차이를 계급의 차이로 오해해서는 안 되며 교회의 질서와 덕을 세우기 위하여 자신들이 교역자에게 위임한 권한을 존경하고 파괴하지 말아야 한다. 교역자와 신도는 서로 돕는 동역자와 협력자임을 인식하고, 교회의 성장과 성숙을 위해 함께 노력해야 한다.

Section 05 나가면서

예수 그리스도는 교회에게 하나님 나라의 사역을 위임했다. 그것은 선택의 문제가 아니라 반드시 실천해야 할 교회의 선교 사명으로서 예수 그리스도 안에서 성취된 하나님 나라를 완성하는 일이다. 교회는 그 사역을 위해서 선택 받은 하나님 나라의 일꾼들의 모임이다. 그것은 선교가 교회의 본질적 요소라는 사실을 의미한다. 살아있는 교회는 선교하는 교회다. 선교를 하지 않는 교회는 고인 물이 썩듯이 부패하며 하나님 나라의 성장을 방해하는 장애물이 된다. 그러므로 교회는 언제나 예수 그리스도로부터 위임받은 선교 명령에 순종해야 한다.

선교는 하나님 나라의 본질과 성격에 근거한 종말론적 운동이다. 그것은 성령이 이끌어 가는 하나님 나라의 완성에 참여하는 일이다. 그러므로 선교는 인간의 수단과 방법이 아니라 전적으로 성령의 인도와 능력에 의존해야 한다. 성령은 그리스도의 제자들을 하나님 나라의 진리로 인도할 뿐만 아니라 그에게 하나님 나라의 완성을 위하여 힘차게 일할 수 있는 능력, 곧 성령의 은사를 나누어 주었다. 그 성령의 은사가 세상 권세와 싸우는 가장 강력한 선교의 도구다. 그러므로 교회는 성령체험에 대한 열광주의와 냉소주의를 극복해야 하며 성령의 활동을 제한하는 모든 교회의 제도와 구조를 개혁해야 한다. 그리고 생명의 영이신 성령으로 충만한 종말론적 선교공동체가 되어야 한다.

3장
교회행정

Section 01 교회의 정치 행정

일반적으로 교회는 신도들의 모임 또는 공동체를 가리킨다. 이 신도들의 공동체에는 단순한 모임의 성격을 넘어 공동체의 성격과 목적 그리고 추진하려는 사업과 사명 등이 있다. 그리고 이를 유지하고 발전시키기 위해 조직과 제도를 갖추고 있다. 신도들의 일반적인 모임을 '교회'라고 한다면 그 모임을 공동체로 묶고, 그 공동체가 지닌 특별한 성격과 목적과 사명을 표방하고, 또 공동체를 유지 발전시키기 위해 어떤 형태의 조직과 제도를 갖춘 이 모두를 가리켜 '정치'라고 한다.

교회정치란 바로 그 교회의 원리와 사명과 법과 제도를 밝히고 있는 내용이자 형태를 의미한다. 따라서 모든 교단은 각각 교회헌법에 교회정치를 밝히고 있다.

그렇지만 정치와 정치활동은 분별해서 사용해야 한다. 사람들은 정치라는 용어를 사용하면서 종종 그 의미를 혼동하는 경우가 있다. 교회정치는 교회의 원리와 제도를 가리키는 의미(politics)인데 흔히 자신의 정치적 입장을 알리거나 선거를 위해 하는 정치활동이나 선거운동을 가리키는 의미(politicking)로 혼용하기도 한다. 정치를 전자의 의미로 이해하고 또 사용하므로 교회를 바로 세우는 교회의 지도자들이 되어야 한다.

교회행정은 교회정치를 실행하는 방법이며 과정이고, 교회정치를 따라 교회를 세워가는 실천적 기능을 의미한다. 그러므로 교회행정은 교회정치 즉, 교회가 지향하는 원리와 목적과 제도에 따라 차이가 있을 수 있다. 교회행정은 크게 ① 조직행정, ② 인사행정, ③ 재정행정으로 구분할 수 있다. 이 장에서는 장로교회정치를 실행하는 일로서의 행정, 재정, 예식을 알아보는데, 장로교회정치 중에서도 한국기독교장로회의 교회정치를 실행하는 행정에 대해 정리한다. 특히 헌법 정치편을 토대로 행정을 정리한다.

Section 02 교회

① 교회는 하나님으로부터 하늘과 땅의 모든 권세를 받으신 예수 그리스도가 머리되시며 교회는 그의 몸이다. 예수 그리스도는 승천하신 후 성경과 성령을 통하여 믿는 사람과 함께 역사하심으로 이 세상

에 현존하시며 교회를 다스리신다.
② 교회는 그리스도 예수가 주신 말씀, 성례전, 사명을 가지고 성령의 도우심으로 목회와 선교에 힘써 구원과 하나님 나라를 이루어간다.
③ 교회는 그리스도의 거룩한 구원과 그의 법도에 순종하기를 고백하는 모든 나라의 모든 사람과 그들의 자녀로 이루어지는 하나의 교회다.
④ 온 세계의 그리스도인들은 한 자리에 모여 하나님을 예배하거나 성도의 거룩한 교제를 나눌 수 없으므로 지교회로 나누어져 신앙생활을 하며 선교사명을 감당한다.
⑤ 교회는 거룩한 예배와 말씀의 교육과 사랑의 교제와 나눔과 섬김의 봉사 그리고 사역을 위한 훈련을 통해 교회와 진리를 보전하는 것을 목적으로 한다.
⑥ 교회는 또 개인의 생명을 구원하기 위해 구원의 복음을 전하며 하나님 나라와 그 의를 이루기 위해 선교하는 것을 사명으로 한다.

Section 03 교회의 정치 원리

장로교회의 정치 원리는 성경을 근거로 여덟 가지가 있다.

① 양심의 자유

하나님은 양심의 주가 되신다. 그가 주신 양심은 성경에 위배되는 신앙이나 예배, 잘못된 교리나 명령에 속박을 받지 않는다. 그러므로 우리는 모든 신앙문제에 관하여 각자의 양심대로 판단할 권리가 있다.

② **교회의 자유**

어느 교파나 교회단체든지 교회정치 즉, 원리와 법, 조직과 제도, 목사와 교인의 자격 등을 성경의 말씀대로 제정, 선포할 권리가 있다. 그러나 그것으로 남의 자유와 권리를 침해하지 못한다.

③ **교직**

예수 그리스도는 그의 몸 된 교회를 교도하기 위하여 교직자(교회의 직분자로 목사, 장로, 권사, 집사 등)를 세우셨다. 그들은 복음을 전파하며 예배와 성례를 행하며 신도들이 진리와 의무를 지키도록 신앙생활을 지도, 훈련한다.

④ **진리와 행위**

진리는 믿음과 행위의 기초다. "열매를 보아 그 나무를 안다(마 12:33)"라고 하신 예수 그리스도의 말씀대로 진리는 성결한 행위와 생활로 나타나야 한다. 따라서 참과 거짓을 분별하지 못하거나 진리와 행위가 다른 것은 교회에 큰 해독(害毒)을 준다. 그러므로 그리스도인은 진리를 배우고 믿음으로 실천하기를 힘써야 한다.

⑤ **교리와 법규**

이상의 원리를 가지고 교회는 교인과 교역자의 건전한 신앙지도를 위하여 적절한 교리와 법과 규정을 제정할 수 있다.

⑥ 선거권

교회는 성경에 근거해서 교회의 직원을 선거할 권한을 갖는다.

⑦ 치리권

교회는 교인에 대한 치리권을 갖는다. 교회의 치리는 하나님의 말씀에 근거하여 그 뜻을 전달하는 데 목적이 있다. 치리회의 모든 결정은 계시된 하나님의 뜻, 곧 성경에 기초를 두어야 한다. 치리회는 인간성에 따른 약점 때문에 과오를 범할 수 있다. 그렇다고 해서 이미 제정된 법을 경시하거나 경솔하게 새로운 법을 제정해서는 안 된다. 그 법이 절차를 따라 개정되기까지는 준수해야 한다.

⑧ 권징

위에 적은 성경적이고 합리적인 원리들이 올바르게 준수되고 권징이 엄격하게 실시된다면 교회는 영광과 복락을 증진시킬 수 있을 것이다.

Section 04 지교회

지교회는 하나의 교회인 온 세계의 교회를 이루고 있는 지체된 교회를 의미한다. 지교회는 예수 그리스도를 믿는 신도들과 그 자녀들이 교회정치에 따라 정해진 장소와 시간에 모여 하나님을 예배하며 성경의 말씀을 배우고 신앙생활을 하며 선교하는 그리스도인들의 모임이다.

(1) 지교회 설립

지교회는 전담 목회자와 세례교인(입교인) 10명 이상과 전용예배처가 있으면 노회에 지교회 설립청원을 내고 허락을 받아 설립한다. 지교회는 헌법에 따라 장로를 선임한 후 치리회인 당회를 조직해야 한다. 당회가 있는 교회를 '조직교회'라 하고 당회가 없는 교회를 '미조직교회'라 한다.

(2) 지교회의 사역

지교회가 해야 할 일은 크게 두 가지로 구분할 수 있다. 하나는 교회를 위한 사역인 '교역'이고 다른 하나는 세상을 위한 사역인 '선교'다. 이 두 사역이 균형을 이룰 때 교회는 바람직한 교회가 될 수 있다.

① **교역**

교역(ministry)은 신도들이 교회의 본질과 목적에 충실한 신앙생활을 하도록 목사와 장로가 신도에게 말씀의 꼴을 먹이고 신도들의 신앙생활을 사랑으로 돌보는 사역이다. 부활하신 그리스도가 베드로를 비롯한 제자들(교회)에게 위임한 첫 번째 사역이 "나를 사랑하듯 내 양을 먹이라, 내 양을 치라(요 21:15-17)"는 목회 사역이었다.

목회는 그리스도의 양인 신도를 예수 그리스도의 인격과 신앙을 본받고, 성령의 도우심과 인도를 따라, 말씀으로 사는 그리스도의 제자, 곧 작은 예수로 길러내는 사역이다. 목회는 또 신도들이 그리스도의 일꾼으로 예수님이 친히 하셨고 또 교회에 위임하신 사역을 이어가게 하는 일이다. 이것을 위해 목사와 함께 장로는 예배, 말씀교육, 사랑의 친교, 나눔과 섬김의 봉사, 사역에 필요한 훈련에 힘써 신도를 그리스도의 사역자로 양성해야 한다.

오늘날 교회 안에, 심지어 장로 중에도, 목회는 목회자(목사, 준목, 전도사)들의 일이지 장로나 신도들의 일이 아니라는 소극적인 생각을 하고 있는 것을 본다. 장로는 교회의 모든 직분(제직), 특히 장로의 직분을 주신 주님의 뜻이 그리스도의 몸인 교회를 교회답게 세워 가는 목회에 있다는 것을 알고 교역자와 협력해야 한다(엡 4:11-12).

② 선교

선교(mission)는 교회에 주신 유일한 사명이다. 교회에 위임하신 첫 번째 사명도 선교이고 마지막 사명도 선교다. 우리를 구원하신 주님의 뜻도 구원의 은혜에 감사하여 이 복음을 전하는 데 있다. 예수님은 제자들을 가르치고 훈련하신 후 선교를 위해 70명의 제자들을 파송하기도 하셨다. 그리고 십자가의 죽음과 부활 후 갈릴리에서 열한 제자들(교회)에게 선교 사명을 위임하셨다(마 28:18-20).

예수 그리스도가 전하고 가르쳐 지키게 하라고 교회에 위임하신 복음은 하나의 복음이지만 성격이 두 가지인 구원의 복음이다. 하나는 생명을 구원하는 '구원의 복음'이고 다른 하나는 세상을 구원하는 '하나님 나라의 복음'이다. 교회는 한 사람, 한 사람을 구원하기 위해 그리스도 예수를 전하는 전도에 힘써야 한다. 동시에 교회는 하나님의 말씀과 뜻이 영향력을 미치고 세상을 변화시키는 하나님 나라 확장을 위해 선교에 힘써야 한다. 그러므로 교회는 사람을 구원하고 세상을 구원하기 위해 전도와 선교에 힘써야 한다. 그러나 많은 교회, 신도들이 '나'만 구원 받은 것을 좋아하고 예수 그리스도의 구원의 뜻인 선교에 등한히 하는 것을 본다. 이런 현상은 교회의 행정이 교회의 사역인 목회와 선교를 뒷받침하지 못하기 때문이다.

장로는 목사와 함께 교회가 목회와 선교, 두 사역에 충실하고 충성하기 위해 교회를 조직하고(조직행정), 일꾼을 세우며(인사행정), 이를 뒷받침 할 재정을 마련하고 지원하는(재정행정) 일에 헌신해야 한다.

Section 05 지교회의 직분과 직원

교회의 사역을 수행하기 위해 교회는 교회정치에 따라 신도를 관할하며 교회 안에 여러 직분을 두고, 받은 은사대로 직원을 둘 수 있다. 교회는 항존직과 일반직을 둘 수 있는데 항존직원은 목사, 장로, 권사, 안수집사고 직원은 준목, 전도사, 서리집사다. 교회의 직분에 따라 직원을 선출하고 임직, 임명하는 일은 교회정치의 조항에 따라 다음과 같이 수행한다.

(1) 신도(신자)

① **신도의 정의**

신도는 예수 그리스도를 믿고 그의 명령에 복종하며 교회정치에 순종하는 사람이다. 한 지교회의 신도가 되는 것은 예수 그리스도 안에 있는 사귐에 들어가는 것을 의미한다. 신도는 교회의 예배, 교육, 친교, 봉사의 사역훈련 등에 참여하고, 하나님이 주시는 은사(은혜의 선물)를 받아 세상에서 생명의 구원과 하나님 나라를 세우는 일에 충성하며, 다른 신도들과 사랑과 평화의 친교를 도모해야 한다.

② 신도의 구분

신도에는 입교인(세례교인, 아기세례교인)과 원입교인이 있다. 입교인에게는 성찬 참여권과 공동의회 회원권이 있다. 원입교인은 세례를 받지 않은 일반 신도를 의미한다.

③ 신도의 전출입 및 출타 신고

신도가 지교회를 떠날 때는 1년 이내에 이명을 당회에 청원하고 이명증서를 교부 받아야 한다. 당회는 이명증서를 제출하지 않았을지라도 해 교회에 등록하고 3개월 이상 출석한 사람을 입회시킬 수 있다. 신도는 3개월 이상 교회를 떠나게 될 때 당회장에게 신고해야 한다.

④ 신도의 자격정지 및 회복

신도가 신고 없이 교회를 떠나 의무를 이행하지 아니하고 1년 이상 경과하면 회원권이 정지된다. 회원권이 정지된 신도가 돌아오면 3개월이 경과한 후 당회의 결의로 자격이 회복될 수 있다.

(2) 목사

① **목사의 직분**

목사는 일반 신도와 다를 것이 없지만 그 맡은 직책 때문에 일반 신도와 구별된다. 전적으로 교회를 담임하고 섬긴다는 의미에서 그 직책은 교회에서 가장 존엄하고 유용한 전문가적 직책이다.

② **목사의 고유 직무**

노회 권한으로 목사에게만 주어진 직무가 있다. 예배의식을 만들고 설교하며 성례전(세례와 성만찬)을 집례하며 축도할 권한과 책임이 있다.

③ **목사의 일반 직무**

목사는 신도에게 성경과 교리와 교회법을 교육하고 교인을 심방하고 봉사할 책임이 있다.

④ **목사와 치리**

목사는 교회의 성결과 평화를 위해 교회의 행정과 권징을 관리하고 장로와 협력하여 성경의 교훈대로 교회를 치리한다.

⑤ **목사의 청빙**

① 조직교회가 담임목사를 청빙할 경우에는 당회에서 후보인을 택한 후 공동의회를 소집하고 투표하여 출석회원 2/3 이상의 찬성을 얻어야 한다.
② 교회는 재적 입교인 과반수가 날인한 '목사청빙서'와 '공동의회록사

본'을 첨부한 '목사청빙허락청원서'를 각 두통씩 작성하여 노회에 제출하고 교인대표는 노회에 출석한다.
③ 미조직교회가 전도목사를 청빙할 경우에는 공동의회에서 투표하여 2/3 이상의 찬성을 얻은 후에 입교인 과반수가 날인한 '목사청빙서'와 '공동의회록사본'을 첨부한 '목사청빙허락청원서'를 각 두 통씩 작성하여 노회에 제출한다.
④ 기타 '전도목사', '부목사' 청빙절차는 헌법의 '정치' 조항을 참고한다.

⑥ **목사의 임직과 취임**
① 임직: 목사가 될 자격을 갖춘 사람이 목사로 청빙을 받으면 노회주관으로 임직식을 거행한다. 임직예식의 예전은 별도의 예배서를 참고한다.
② 취임: 취임식은 취임할 교회에서 노회 주관으로 실시한다. 예전은 별도의 예배서를 참고한다.

⑦ **목사의 사임, 사직, 면직**
① 목사가 시무를 사임하려고 하면 이를 교회에 알리고 노회에 시무사임 청원을 한다. 또는 지교회가 목사의 시무를 원치 않으면 해야청원서를 노회에 제출할 수 있다.
② 유임청원서나 해임청원서는 재적 무흠입교인(신앙생활에 흠이 없는 세례교인)의 과반수가 서명 날인하여 진정서로 노회에 제출하되 당회와 시찰회를 경유해야 한다.

③ 목사가 그 직무를 이행할 수 없거나 교회에 덕이 안되는 줄 알면 사직원을 노회에 제출한다. 노회는 이를 심사하여 처리한다.
④ 목사가 성직에 합당한 자격을 상실했거나 3년간 무임으로 있으면 노회는 사직을 권고하고 처리한다.
⑤ 목사가 범죄 사실이 있을 때, 노회가 권징조례에 의하여 재판하고 처리한다.
⑥ 기타 목사의 휴양과 휴무 복직은 교회 헌법의 '정치' 조항에 준하여 처리한다.

(3) 장로

지교회의 사역인 목회와 선교를 수행하기 위해 그리스도가 허락하신 제직분 중 가장 중요한 직분이 목사와 장로직이다. 안으로는 교회를 교회답게 세우는 목회에 충성하고 밖으로는 사람과 세상을 구원하는 선교에 헌신하라고 주신 직분이 교회의 직분이다. 그러므로 장로는 지교회를 섬기는 일에 우선으로 헌신하고 충성해야 한다.

① 장로의 선출과 임기

장로는 직분의 귀함을 알고 또 신앙과 인격과 사회적으로 위에서 밝힌 자격을 갖추고 교회의 사역인 목회와 선교에 솔선수범하는 사람을 선출해야 한다. 그리고 신도들이 교회와 하나님 나라를 위해 일하는 사역자가 되도록 잘 교육하고 훈련하는 사람을 선출해야 한다. 장로 선출과 임기에 따르는 행정 절차는 아래와 같다.

- 장로는 당회가 결의한 수와 방법대로 공동의회에서 투표수 2/3 이상의 찬성표로 선정한다.
- 미조직 교회에서 당회를 조직하고자 장로를 선출하려면 입교인 15인 이상이 있을 때 노회의 허락을 받아 장로를 선출한다.
- 장로의 증원은 입교인 20인에 1인 비례로 증원할 수 있고 임기는 재임기간으로 한다. 이 규정은 장로로 선출되는 사람은 적어도 20명을 전도해야 한다는 전도의 책임이 함의되어 있다. 이 점을 목사와 장로는 신도에게 교육하여 전도를 생활화해야 한다.
- 장로의 사임, 사직, 면직, 전적 등의 사유로 무임으로 있는 사람은 다시 선임되고 취임하여 시무할 수 있다.

② **장로의 임직**

공동의회에서 장로로 선임된 사람은 피택 후 6개월 이상 당회의 지도를 받아야 한다. 이 기간에 경건훈련과 섬김훈련을 받으면서 노회가 주관하는 장로고시를 대비해 성경, 교회헌법, 교단의 신학과 정책, 논문, 상식, 구술 등을 준비한다. 장로고시에 합격하면 지교회에서 임직한다. 장로 임직예식은 교회의 예배서에 준하여 행한다.

③ **목사와 장로의 차이**

장로는 교회의 항존직으로, 항존직에는 목사와 장로, 두 가지가 있다. 말씀의 사역과 치리를 겸한 사람을 '목사'라 하고 치리만 하는 사람을 '장로'라 한다.

- 목사와 장로가 다른 첫 번째 이유는 그리스도로부터 부여 받은 일 때문이다. 목사는 말씀으로 교훈하며, 성례를 집례하며, 신도를 축복하는 특권이 있다. 장로는 교회 밖, 세상을 향해서 말씀을 전하고 가르치며, 그리스도의 이름으로 축복하고 사랑으로 섬기는 사역을 해야 한다. 만인제사장론은 이런 의미에서 이해되어야 한다. 교회 내에서 만인이 다 제사장이 된다는 의미가 아니라 교회 밖, 세상을 향해서는 장로뿐 아니라 신도들도 제사장의 사역을 감당할 수 있고, 또 해야 한다는 것이다. 이것을 오해하여 교회 안에서나 치리회 안에서 서로 높아지려는 경쟁에 이 만인제사장론을 주장하는 것은 삼가야 한다.
- 목사와 장로가 다른 두 번째 이유는 택하여 세우는 치리회가 다르기 때문이다. 목사는 노회에서 안수하고 임직하지만 장로는 당회에서 목사가 안수하여 임직한다. 목사는 노회의 관할을 받지만 장로는 당회의 관할 아래 있다. 목사는 장로 임직 때 안수할 수 있지만 장로는 목사 임직 때 안수하지 못한다.

④ 장로의 사임, 사직, 면직

① 시무장로가 부득이한 사정으로 휴무를 원하거나 자의로 사임, 사직하고자 하면, 해 당회의 허락을 받아 휴무, 사임, 사직을 할 수 있다.
② 시무장로가 교회의 덕이 되지 못할 경우 또는 교인 다수가 그 시무를 원치 않을 경우 당회의 결의로 사임을 권고할 수 있으며 공동의회 결의로 사임된다.
③ 장로의 면직은 범죄 사실이 있을 때 당회가 권징조례에 의해 재판하여 처리한다.

⑤ 장로의 복임과 복직

① 사임 혹은 사직한 장로가 시무에 복귀하고자 하면 장로의 임직 절차에 준하며 안수례는 하지 않는다.
② 자의 사임 혹은 자의 사직한 사람은 1년이 경과한 후 본인이 청원할 때 당회가 심사하고 공동의회에서 2/3 이상의 찬성이 있으면 복임, 복직한다.
③ 정년이 되어 은퇴하는 장로는 원로장로가 되며 당회나 제직회에서 언권회원이 된다. 자원 은퇴하는 장로의 시무경력이 10년 이상일 때 당회는 원로장로로 추대할 수 있다.

(4) 권사, 안수집사, 서리집사

교회의 직원인 권사, 안수집사, 집사의 직무와 자격과 선출 임직 등은 교회 헌법 '정치' 조항에 따라 처리한다.

(5) 준목, 전도사, 신학생, 목사후보생

교회의 직원인 준목, 전도사에 대한 직무, 자격, 청빙과 임기 등은 교회 헌법 '정치' 조항에 따라 처리한다.

Section 06 공동의회와 제직회

지교회는 교회의 존재 목적과 사명인 목회와 선교를 위해 신도들과 제직원들이 참여하는 두 개의 행정조직으로 공동의회와 제직회를 두고 있다.

(1) 공동의회

지교회를 구성하고 있는 교인들의 총회를 가리켜 공동의회라 한다.
① 공동의회는 무흠입교인 전원을 회원으로 한다.
② 공동의회는 당회가 부의한 안건, 교회재정의 예산 및 결산, 직원선거(목사 청빙, 장로, 권사, 안수집사 선거) 등을 처리한다.
③ 공동의회의 의장과 서기는 당회장과 당회서기로 한다.
④ 공동의회의 개회성수는 의안의 일시와 장소를 일주일 전에 공고하고 그 회에 회집된 회원수대로 개회한다.
⑤ 공동의회의 의결 정족수는 직원선거 등 명시된 사항 외에는 과반수로 한다.

(2) 제직회

지교회는 교회의 여러 직원(제직원)들로 제직회를 조직한다. 목사, 장로, 권사, 안수집사, 준목, 전도사, 서리집사는 제직회원이 된다. 제직회는 공동의회가 결정한 예산 집행과 재정에 관한 수지 및 감사, 선교하고 봉사하며 구제하는 일을 한다.
① 제직회의 성수는 교회가 정한 일시와 장소를 공고하고 회집하는 회원의 수로 개회한다.
② 제직회 안에 교회 사역인 목회와 선교를 능률적으로 추진하기 위해 위원회를 두고 제직원과 신도를 각 위원회에 배치해 사역하게 한다.
③ 목회를 위한 위원회에는 예배 위원회, 교육 위원회, 친교 위원회, 봉사 위원회, 재정 위원회 등이 있다.
④ 선교를 위한 위원회에는 새가족 전도 위원회, 국내선교 위원회, 해외선교 위원회, 에큐메니칼선교 위원회 등이 있다.

Section 07 치리회

교회의 치리는 명백히 제정된 정치의 조문과 조직이 있어야 하며 정당한 사리와 성경의 교훈에 따라야 한다.

(1) 치리권

장로교회의 치리권은 개인에게 있지 않고 당회, 노회, 총회, 세 치리회에 있다(행 15:6).

(2) 치리회의 성격

모든 치리회는 목사와 장로로 조직한다. 치리회 간에 상하는 있으나 서로 연결된 공동체이므로 어떤 치리회에서 무슨 결정을 하든지 그 결정은 법대로 대표된 치리회에서 행사한 것이기 때문에 곧 전국 교회의 결정이 될 수 있다.

① 각 치리회는 교회의 교리나 정치에 대하여 논쟁이 생기면 성경의 교훈대로 교회의 성결과 평화를 위해 처리한다.
② 각 치리회는 성질상 동일한 권리와 고유한 특권이 있으나 순서대로 상회의 검사와 관할을 받아 사건을 법대로 처리하기 위하여 관할 범위를 정한다.

(3) 치리회의 권한

치리회는 교인으로 하여금 도덕과 영적 사건에 대하여 그리스도의 법에 복종케 하는 것이다. 만일 불복하거나 범법한 사람이 있다면 교인의 권리를 누리지 못하게 한다. 최종 중벌은 교리에 패역한 사람이나 회개하지 않는 사람을 출교하는 일이다(마 18:15-20, 고전 5:1-5).

치리회는 성경의 권위를 위해 증거를 수집해서 책벌한다. 교회의 규례와 헌법을 범한 사람을 소환하여 심사하며 본 교단 관할하에 있는 교인을 소환하여 증거 제시를 요구할 수도 있다. 그리고 각 치리회는 헌법이 정하는 범위 내에서 자체 규정을 제정할 수 있다.

(4) 당회

① **당회의 조직**

당회는 지교회의 치리회로서 담임목사와 시무장로로 구성하며 목사 1인, 장로 1인으로 조직 성원이 된다. 회장은 담임목사가, 서기는 장로 중에서 맡는다.

② **당회의 직무**

① 교인의 신앙을 총찰하며 예배 모범에 의하여 예배를 주관한다.
② 입교할 사람에게 신앙문답을 하며 세례를 주고 아기세례와 견신례를 받게 하며 성만찬예식을 주관한다.
③ 장로와 권사와 안수집사 임직을 주관한다.
④ 서리집사, 전도사, 교회학교 교사, 성가대원, 지휘자, 반주자, 구역장, 사찰 등 직원을 임명한다.
⑤ 지교회의 모든 기관과 단체를 지도 감독하여 신령적 유익을 도모한다.
⑥ 교인의 헌금정신을 육성하고 헌금방침을 정하고 재정을 감독한다.
⑦ 권징과 교회의 재정과 재산을 관리한다.
⑧ 노회에 파송할 총대를 선정하고 교회상황을 노회에 보고하며 청원건을 제출한다.

③ **당회의 성수**

당회장을 포함한 회원 과반수의 출석으로 개회한다.

(5) 노회

노회는 지교회들이 서로 협력하여 교회의 순전함을 보존하고 권징을 동일하게 하며 합심하여 선교하고 배도와 부도덕을 금지하기 위해 상회로 그 역할을 수행한다.

① **노회의 조직**

일정한 지역 안에 10인 이상의 시무목사와 각 당회에서 파송한 10인 이상의 장로총대로서 총회의 허락을 받아 조직한다. 총대장로 수는 매 당회 1인을 원칙으로 하나 전년도 통계보고에 무흠입교인 200명 이상되는 교회나 시무목사가 2인 이상되는 교회는 2인으로 한다. 200명 이상되는 교회에 시무장로가 6인 이상이면 3인까지 총대장로를 파송할 수 있다.

② **노회의 직무**
① 구역 안에 있는 모든 지교회와 목사, 준목, 전도사, 목사후보생을 총찰한다.
② 각 당회가 제출하는 헌의, 청원, 진정, 문의 건 등을 접수하여 처리한다.
③ 장로와 전도사 고시, 목사후보생 고시를 통해 일꾼을 길러내며 목사후보생 지도와 교육, 목회자의 이명, 목사의 임직, 취임, 해임, 권징 관리 등의 인사행정을 처리한다.
④ 지교회의 설립, 분립, 병합, 폐지와 당회의 조직 및 폐지 등의 안건을 심의 처리한다.

⑤ 선교, 교육, 신도, 재정 등의 사업을 지도하며 직접 사업을 하기도 한다.
⑥ 연 1차 노회 서류와 지교회의 당회록을 검사하며 치리 안건에 착오가 없도록 지도한다.
⑦ 지교회가 제출하는 소송, 상소, 소원, 위탁판결 등에 관한 일을 처리한다.
⑧ 지교회와 산하기관의 재산관리를 지도하고 부동산 문제로 사건이 발생하면 노회가 처결할 권한을 가진다.
⑨ 총회에 총대를 파견하여 노회상황을 보고하고 노회의 헌의, 청원, 상소, 소원, 문의, 위탁판결 등의 사건을 상정하고 총회의 지시를 시행한다.

③ **노회원**

노회에 소속한 모든 목사는 정회원이다. 시무목사와 자원 은퇴한 목사는 의결권, 선거권, 피선거권을 가진다. 총대장로는 총대천서를 노회가 접수하고 회원점명함으로 1년간 회원권을 가진다. 무임목사와 정년 은퇴한 목사, 준목과 노회가 초청한 전도사, 각 신도회 대표는 언권을 갖는다.

④ **노회의 성수**

정한 일시와 장소에서 당회가 각기 다른 시무목사와 총대장로 각 5인 이상이 출석하면 노회는 개회한다.

(6) 총회

총회는 본 장로회의 최고 치리회다. 그 명칭은 한국기독교장로회 총회라 한다.

① **총회의 조직**

총회는 각 노회에서 동수로 파송한 총대목사와 총대장로로 조직하며 그 파송 비율은 총회규칙으로 정한다. 회원은 각 노회가 제출한 총대명단을 접수하고 점명한 후에 회원이 된다.

② **총회의 직무**

① 총회는 소속 각 지교회와 산하기관 단체를 총찰한다.
② 하회인 노회에서 제출한 헌의, 청원, 상고, 소원, 문의, 위탁판결 등을 접수하여 처리한다.
③ 신학대학을 설립하고 목사를 양성한다. 일반 고등교육기관을 설립하여 운영할 수 있다.
④ 총회는 목사고시를 주관하며, 헌법을 해석하는 권한을 갖는다.
⑤ 총회는 노회를 설립, 분립, 합병, 폐지하며 그 구역을 정한다.

③ **총회의 성수**

총회가 정한 일시 장소에서 노회수의 과반수와 총대목사와 총대장로 각 과반수의 회원이 출석하면 개회성수가 된다.

4장
교회재정

'3장. 교회행정'에서 장로교회정치에 따른 조직행정과 인사행정에 관련된 교회행정을 살펴보았다. 이제 장로교회정치에 따른 재무행정(財政)에 대해 알아보려 한다. 교회는 영적인 기관인 동시에 사회적 단체다. 교회의 모든 활동은 재정의 뒷받침 없이는 그 성과를 거둘 수 없다. 그러므로 교회도 신도에게 경제활동에 대한 신앙교육을 해야 한다.

개혁교회의 경제관에 따르면 모든 직업은 단순히 먹기 위해 일하는 경제활동이 아니라 하나님의 소명이다. 모든 직업이 하나님이 맡겨주신 소명이기에 귀천의 차별 없이 감사한 마음과 사명감을 가지고 열심히 일하고 돈을 벌어야 한다. 그리고 번 돈은 하나님의 영광과 하나님의 일을 위해 기쁘게 사용해야 한다.

그리스도인들은 이런 경제관을 가지고 일해야 한다. 직업을 신성한 소명으로 믿고, 그리스도에게 하듯 열심히 일하며, 번 돈은 하나님과 이웃을 위해 쓰는 그리스도인이 되어야 한다. 이런 삶은 "사람은 떡으로만 사는 것 아니라 하나님의 말씀으로 살아야 한다(마 4:4)"라고 하신 예수님의 말씀대로 사람답게 사는 사람이 되게 한다.

번 돈을 '하나님의 영광을 위해 쓰는 것'은 경제활동의 정신이며 꽃이다. 개혁교회의 경제관에서 발달한 자본주의가 이 정신을 잃어버리고 일하는 목적을 하나님의 영광을 위해서가 아니라 돈을 위해서, 나눔을 위해서가 아니라 소유를 위한 것으로 바꿈으로 타락한 자본주의가 되어가고 있다. 교회는 경제관에 대한 교육과 신도들의 감사생활과 헌금 정신을 고취하며 재원을 효과적으로 관리하고 운용해야 한다. 교회의 재정 결핍은 청지기 훈련의 부족, 교인들의 무관심, 재무행정의 결여에 원인이 있다. 그러므로 장로는 하나님의 영광을 위해 물질을 드리는 믿음의 본을 보이며 재무행정(財政)에 능해야 한다.

Section 01 교회의 재정

① 장로교회정치에 따르면 교회는 세 치리회(지교회 또는 당회, 노회, 총회)가 있다. 따라서 교회의 재정도 지교회(당회)와 노회와 총회의 재정을 아우르는 것이다. 교회의 재산과 재정은 지교회와 노회와 총회가 독립적으로 소유하고 운용하지만 재산과 재정의 유지 보존을 위해 노회와 총회의 보호를 받는다.
② 교회(지교회, 노회, 총회)의 재정은 신도의 헌금과 소속 단체 및 개인

이 헌납하는 재산과 교회가 조성하는 재산 등으로 한다.
③ 상회(노회, 총회)는 그 운영과 사업을 위해 하회(지교회, 노회)에서 상회비를 받을 수 있고 하회의 운영과 사업을 위해 보조할 수 있다.
④ 신도가 동산이나 부동산을 교회에 헌납했을 때는 헌납과 함께 교회의 재산이 되며 헌납자는 그 후 권리를 주장할 수 없다. 교회는 조속한 시일 안에 공증과 소유권 이전 등의 법적절차를 밟아 안전한 교회의 재산으로 삼아야 한다.
⑤ 교회재산의 보존
- 총회 소유 부동산은 한국기독교장로회총회 유지재단에 편입하여 보존한다.
- 노회와 지교회의 재산은 노회 관리 하에 보존하되, 총회유지재단에 편입하여 보호받을 수 있다.

Section 02 치리회별 재산관리 및 재정운용

① 총회 재산관리 및 재정운용
① 총회는 교회정치와 총회헌법과 규칙에 따라 교단의 재산 및 각종 사업기금을 관리하며 재정을 운용한다.
② 총회는 하회인 노회와 지교회의 독립재산을 총회유지재단에 편입하여 보호하고 보존한다.

② 노회 재산관리 및 재정운용

① 노회는 교회정치와 총회헌법에 따라 소속한 지교회의 재산을 보호하며 노회규칙에 따라 노회의 재산관리 및 재정을 운용한다.

③ 지교회 재산관리 및 재정운용

① 당회는 교인의 헌금 정신을 육성하며 교회의 각종 헌금을 정하여 시행하되 재정을 감독한다. 지교회의 헌금에는 십일조헌금, 감사헌금, 절기헌금, 주정헌금(주일헌금), 특별헌금 등이 있다.
② 당회는 지교회의 재정정책을 수립하고 감독하며 교회의 모든 재산을 관리한다.
③ 공동의회는 매년 교회 재정의 예산 및 결산을 채용한다. 교회의 재산 취득 및 처분 건을 처리한다.
④ 제직회는 공동의회에서 결정한 예산을 집행하며 재정에 관한 수지 및 감사를 한다.

④ 지교회 재무행정

① 교회의 재산과 재정은 목회와 선교를 위한 것이다.
② 교회의 예산안을 작성할 때 이런 목적을 고려하여 목회를 위해서는 예배비, 교육비, 교회운영 및 관리비, 목회자 사례비 등을 그리고 선교를 위해서는 봉사비, 선교비 등을 편성한다.
③ 교회는 세상을 구원하기 위해 존재하는 기관이므로 교회만을 위해 예산을 사용하기보다 구제와 봉사, 선교사업에 더 많은 예산을 세우는 노력을 해야 한다.

④ 당회는 재무행정에 필요한 규정과 양식을 정하여 사용한다. 재정부 규정, 회계규정, 수입 및 지출결의서, 회계장부 등이 그 예다.

⑤ **장로와 헌금**
① 장로는 교인의 대표자이기에 언제나 무슨 일에나 교인들의 모범이 되어야 하고 솔선수범(率先垂範)해야 한다.
② 장로는 십일조에 대한 바른 지식과 신앙으로 헌금하며 또 교인을 가르쳐야 한다.

제2부
장로교회

5장
장로교회의 태동

Section 01 16세기 종교개혁과 개혁교회들

16세기의 종교개혁은 중세 로마 가톨릭 교회가 부패하고 타락했을 때, 마르틴 루터(1483-1546년), 울리히 츠빙글리(1484-1531년), 존 칼뱅(1509-1564년) 등 개혁자들이 '오직 성경(sola scriptura)', '오직 은혜(sola gratia)', '오직 믿음(sola fide)'과 같은 복음적인 주제를 성경에서 재발견하여 그리스도의 교회를 갱신한 신앙과 신학운동이다. 따라서 일반적인 의미로 모든 개신교회는 개혁교회라고 할 수 있고, 또 당시에 '개혁(reformed)'이라는 말은 '개신교'라는 말과 거의 동의어로 사용되기도 했다.

그러나 개신교 진영에서 일어난 성만찬 논쟁(마르부르크 회담, 1529년)

이후 개혁자들 사이에 분파적 경향이 드러나기 시작했고, 츠빙글리파와 칼뱅의 두 개혁 운동은 1549년의 취리히 협정에 의해 교리적으로 의견의 일치를 이루고, 자신을 '개혁파'라고 부르기 시작했다. 그리고 결국에는 1590년대 이후에 개신교는 루터파와 개혁파로 완전히 갈라서게 되었다. '개혁'이라는 표현은 그 이후 유럽 대륙의 거의 모든 칼뱅주의적 교회, 곧 프랑스 개혁교회, 독일과 스위스의 개혁교회, 네덜란드 개혁교회 등을 일컫는 용어로 사용되었고, 곧바로 세계 도처에 퍼져나가 각각의 지역과 상황에 맞는 개혁교회의 신앙전통을 형성하기 시작했다.

오늘날 전 세계적으로 퍼져 있는 개혁교회 그룹들은 크게 네 가지 유형으로 분류된다.

① 개혁교회(Reformed): 스위스 종교개혁의 직접적인 영향을 받아 독일 남부지역과 헝가리, 네덜란드 등 유럽 대륙으로 확산된 교회다.
② 장로교회(Presbyterian): 주로 앵글로 색슨 세계에 뿌리를 내린 개혁교회를 일컫는 개혁교회 명칭이며, 특히 영국 성공회(국가교회)의 감독 체제에 대응하여 장로교 체제를 강조한 교회를 말한다. 오늘날 한국의 장로교회는 이 유형에 속한다.
③ 회중교회(Congregational): 영국의 국가교회이며 감독교회인 성공회와의 갈등에서 시작된 교회다. 회중교회는 개교회의 자율성과 권위를 강조하며, 예배와 의사결정 과정에서 평신도들의 자율성과 권위를 강조한다.
④ 복음주의교회(Evangelical): 19세기의 복음주의적 부흥운동의 영향

을 받은 개혁교회를 말한다. 이들은 주로 개인적이고 공동체적인 구원경험을 강조한다. 회중교회와 복음주의교회들은 대체로 전통적인 개혁교회의 신앙고백서에 대하여 유보적이거나 중요시하지 않는 경향이 있다.

한편 '장로교회'라는 명칭은 장로 혹은 감독을 의미하는 헬라어 '프레스비테로스(presbyteros)'에서 유래된 말이며, 장로교 정치체제는 칼뱅이 그의 주저 〈기독교강요〉에서 발전시키고 제네바에서 실행한 교회정치에 대한 그의 이해에서 기원한다. 그러나 칼뱅 자신은 교회정치면에서 감독제도를 주장하지는 않았으나 그것을 인정했다고 주장하는 칼뱅 학자들도 있다. 실제로 칼뱅은 감독직의 전제적이고 독재적인 외적 형태가 제거되고 감독이 설교와 가르침과 목회적 돌봄에 충실하다는 전제에서, 이러한 감독제도를 인정했다는 것이다. 그들은 이것에 대한 증거가 폴란드와 헝가리의 개혁교회 안에 있는 감독직에 대한 칼뱅의 관용적인 태도에서 뿐만 아니라 영국 성공회의 대주교 토마스 크렌머(Thomas Cranmer)와 나눈 우의가 넘치는 서신 교환에서 발견된다고 주장한다. 그러나 17세기 전반 스코틀랜드 장로교인들은 감독제도에 대해 강한 적대의식을 드러냈는데, 그것은 잉글랜드 사람들이 스코틀랜드교회에 감독제도를 실시하고자 했기 때문이다.

개혁교회 안에는 이러한 다양성이 있다. 그것은 무슨 까닭인가? 한 마디로, 개혁교회는 자신을 각자의 새로운 상황에서 하나님의 말씀을 따라서 언제나 새롭게 신앙을 고백하며, 끊임없이 개혁하는 교회로 인식하기 때문이다. 오늘날 개혁교회와 장로교회 신학자들 가운데 일부는 장로회 제도가 개혁교회의 본질에 해당하는 문제인가에 대하여 아직도 논쟁을 계속하고 있다. 그러나 일반적으로 장로회적인 교회정치 제도가 교회의 본질에 관한 개혁교회의 신학적 확신을 가장 잘 표현하고 있다는 것에는 의견의 일치를 보인다.

Section 02 제네바 장로교회의 태동

칼뱅은 1537년 제네바에서 개혁운동에 참여한다. 그러나 칼뱅의 첫 번째 제네바 체류는 반대파의 거센 저항에 부딪쳐 무산되었고, 그는 제네바에서 추방되었다. 그 후 그는 스트라스부르의 개혁자 마르틴 부처의 요청을 받고 스트라스부르에 가서 그곳에 있는 프랑스 난민 교회의 목사가 되었고, 그 교회를 스트라스부르의 모델에 따라 교회의 가르침을 엄격하게 시행하는 공동체로 만드는 데 성공했다.

  1541년 제네바의 정치적 상황은 칼뱅에게 유리하게 전개되었다. 칼뱅은 그해 9월에 제네바에 귀환하여 이전보다 더욱 강화된 권위로 개혁조치를 전개해 나갔다. 그러나 그는 그가 가진 모든 생각을, 이를테면, 성만찬을 매 주일마다 거행하는 일 등을 강요하지는 못했다. 사람들은 일 년에 네 차례 성만찬을 거행하는 베른의 관습을 채택했다. 그는 제네바에 복귀한 지 6주 만에 차후 수 세기에 걸쳐서 교회정치에 영향을 미치게 되는 〈교회법령집〉을 작성하여 시의회에 제출했다. 이것은 목사와 장로로 구성되는 당회가 죄를 범했거나 정통교리를 어긴 교인을 소환하여 신문하고, 책벌하고, 필요하다면 출교까지도 할 수 있다는 것을 의미했다. 그러나 시의회는 정부의 공식적인 사법권과 유사한 권한을 행사하는 교회의 재판권을 두려워하여 이 생각에 반대했다. 오랜 토론 끝에, 칼뱅은 그의 생각을 관철시켰지만, 당장에 시행된 것은 아니고, 1555년에서야 완전히 시행되었다.

칼뱅은 그리스도를 머리로 하는 그리스도의 몸(고전 12장)인 교회는 그의 지체들이 중대한 범죄를 저지른 경우, 이 사람들이 교회에 계속 남아 있을 수 있는지를 결정할 권한이 있어야 한다고 생각했다. 게다가, 칼뱅은 이점에 관해서 잘못을 저지른 공동체의 구성원을 다루는 문제에 대하여 말하는 마태복음 18장의 안내와 지지를 받는다고 느꼈다.

교회 권징의 문제는 제네바 의회와 끊임없는 갈등을 빚어냈다. 그러나 교회 질서의 측면에서 볼 때, 교회 자체가 스스로 교회의 구성원을 지도하는 그 방식은 보다 건설적인 것이었다. 칼뱅은 〈교회법령집〉에서 교회에는 하나님이 친히 제정하신 네 가지 직분(목사, 교사, 장로, 집사)이 있다고 규정했다(엡 4:11, 고전 12:28, 딤전 5:17, 행 6:1-3 참고). 각각의 직분과의 역할은 다음과 같다.

① **목사**

설교하고 가르치고, 행정을 담당하고 성례전(세례와 성만찬)을 집례하며 아픈 사람들을 심방해야 한다. 일주일에 한 번, 그 지역의 목사들은 모임을 갖고 함께 성경을 해석하고 서로 평가받아야 한다.

② **교사**

신도에게 구원의 교리를 가르치는 임무를 맡았다. 엄밀한 의미에서 이것은 구약성경과 신약성경을 해석하는 것을 의미했다. 이 강의들이 결실을 맺기 위해서는 언어의 지식과 일반적인 교육이 필수적이며, 그 교과의 교육도 교사들의 임무에 속한다.

③ 장로

매해 두 개의 의회에서 12명이 선출된다. 그들은 그들의 동료에 의해 선출된 6명의 목사들과 함께 당회를 구성한다. 이 당회는 교회의 구성원에게서 교회의 법이 지켜지는지를 감독할 임무가 있다. 당회와 당회원들은 악하거나 무질서한 삶을 살아가는 사람을 친절하게 훈계해야 한다. 그러므로 당회원들은 교인들의 품행에 대해서 관심을 가져야 하지만, 또한 그들이 예배와 교육에 참여하는지에 대해서도 똑같이 관심을 가져야 한다. 만약 그들이 수치스럽거나 잘못된 행동을 발견한다면, 그들은 우선 친절하게 관련된 사람을 훈계해야 한다. 만약 이것이 충분하지 않다면, 당회는 출교나 세속의 법정에 호소하는 등의 처벌을 가할 수 있다. 그러나 이 두 가지 처벌은 매우 드물게 시행되었다.

당회의 주된 활동은 부부 사이에서 흔히 일어나는 갈등을 중재하는 일이다. 당회는 매주 한 차례씩 목요일에 모였다. 교회법은 당회가 그에 따라서 다음과 같이 행동해야 한다는 정신을 명확히 밝히고 있다.

"이 모든 조항은 언제나 너무 가혹한 짐이 되지 않도록 조심스럽게 시행되어야 한다. 훈계조차도 죄인을 우리 주님에게 인도하기 위한 '약'에 불과할 뿐이다."

그러므로, 당회는 세속적인 권력의 영역이나 당국의 사법권에 개입해서는 안 된다.

④ 집사

가난한 사람을 구제하고 아픈 사람을 보살피는 두 가지 임무가 있다. 첫 번째 임무는 구호금을 모으고, 그것을 궁핍한 사람에게 나누어주고 그에게 먹을거리를 가져다주는 일이다. 두 번째 임무는 진료소와 외인을 위한 여관을 운영하는 일이다. 가난한 사람, 그리고 아이를 위해서 진료소에서 일하는 교사의 치료비는 무료다.

교회 안의 직분들은 그들의 임무에 의해서, 다시 말하면 기능적으로 정해졌다. 물론 칼뱅은 교회의 네 가지 직분 가운데 목사직이 모든 그리스도인 사이에서 '최고의 존경'을 받아 마땅하며 '심지어 가장 훌륭한 일'로 인정되어야 한다고 역설하기도 했다. 그것은 무엇보다도 복음을 선포하고 예배를 인도하며 신앙교육과 목회의 책임을 모두 맡고 있는 목사직의 특별한 임무 때문이다. 그러나 이것은 목사직의 중요성이 신분 혹은 지위에 있는 것이 아니라 기능에 있음을 말해준다. 교회의 교직에 대한 이 기능적인 정의는 칼뱅의 개념을 교회의 직분에 대한 모든 성례전적인 정의와 구별되게 한다. 이것은 어떤 직분을 맡은 사람이 그 기능을 행사하는 한 그 직분을 갖는다는 사실에서 나타난다. 그 직분은 개인이 아니라 교회에 매여 있다. 이점에서 루터의 가르침과 두드러진 차이가 있다. 루터는 안수례에 매여 있고, 교회가 아니라 개인에게 매여 있는, 설교와 성례전을 거행하는 유일한 직분에 집중한다.

칼뱅 자신은 생전에 그가 구상했던 참된 장로제도의 완성을 보지는 못했다. 그러나 그는 일생을 말씀과 성례전을 통하여 교회를 세우고 형성하시는 성령에 의한 하나님의 사역을 강조했는데, 이는 교회의 모든 형식적인 특징과 구조는 하나님의 은혜에 종속됨을 의미한다.

이같이 칼뱅은 교회란 '그리스도의 몸(고전 12장)'이며, 교회의 모든 권위는 교회의 머리이신 예수 그리스도에게 속한다는 장로교 정치의 핵심 원리의 초석을 놓은 것이다. 이 장로제도는 그의 절친한 친구이자 제자였던 스코틀랜드의 개혁자 존 녹스(John Knox)를 통하여 발전되었고, 마침내 17세기 영국의 '개혁된' 교회에 의해 장로교 제도의 완성을 보게 된다.

6장
세계 개혁 장로교회의 형성과 발전

장로교라는 용어는 신약성경과 16세기의 종교개혁에서 비롯되었다. 이는 장로교의 두 가지 근원을 말한다. 하나는 신약성경의 사도적인 교회의 증언이며, 다른 하나는 16세기의 개신교 종교개혁이다. 현대의 장로교회는 이 두 가지 근원을 성경적, 역사적 뿌리로 삼는다.

루터, 츠빙글리, 칼뱅 등 개혁자들의 새로운 주장은 당시 발달한 인쇄술의 도움을 받아 유럽 전역에 퍼져나갔다. 따라서 유럽 전역에서의 문제는 "중세 로마교회에 그대로 남을 것인가, 아니면 로마교회를 떠나 개혁자들을 따를 것인가?"에 대한 것이었다. 스위스와 독일에 인접한 프랑스도 그 문제를 무시할 수 없었다.

Section 01 프랑스 장로교회

프랑스의 장로교회는 칼뱅의 제네바 교회의 선교를 받아 1540년경에 생겨났다. 1555년에는 파리에 제네바 교회의 모형을 따르는 교회가 세워졌다. 이후 다른 많은 도시에서도 개혁교회가 생겨났다. 당시 프랑스에는 약 40만 명의 장로교 신도들이 있었다.

위그노로 알려진 프랑스 장로교회의 괄목할만한 성장은 그에 대한 종교적, 정치적 박해를 불러 일으켰다. 그들의 첫 번째 신앙고백은 1557년 파리에서 박해가 가해졌을 때 이루어졌다. 1558년과 1559년 사이에 박해가 일시적으로 줄어들었을 때, 파리교회는 용기를 얻어 공동의 신앙고백에 기초하는 교회의 헌법을 제정하려고 프랑스교회의 전국 총회를 소집했다. 1559년 5월 23일, 72개 교회를 대표하는 20명의 대표자들이 파리에 있는 개인 소유의 집에 비밀리에 모였다. 그들은 프랑수와 드 모렐(François de Morel)을 총회장으로 선출하고, 나흘 간의 토의 끝에, 〈프랑스 신앙고백서〉를 작성하고 채택했다. 이제 프랑스교회는 당회, 노회, 대회, 총회로 구성되는 전국적인 조직을 갖추게 되었다. 어떠한 교회도 다른 교회에 대하여 수위권을 갖지 못한다는 장로교회의 평등 원리가 만천하에 선언되었다. 최초로 국가적인 규모에서 장로교 제도가 정착된 것이다.

그러나 1570년대에 들어서면서 위그노에 대한 박해가 다시 시작되었다. 1572년 8월에는 프랑스 전역에서 수천 명의 위그노들이 학살을 당했다. 이러한 사태는 1594년 프랑스 왕이 되기 위하여 자기 신앙을 포기한 개신교 신도 앙리가 왕이 되고, 그가 1598년 신교도에게 신앙과 예배의 자유를 허용하는 '낭트칙령'을 공포할 때까지 계속되었다. 이후 위그노들은, 비록 제약이 없는 것은 아니었지만, 나름의 자유를 얻었다. 그러나 앙리의 손자 루이 14세는 국가의 통일과 전제적 집권을 위하여 1685년에 낭트칙령을 폐지하고, 다시 수많은 위그노를 학살하기 시작했다. 많은 위그노가 박해를 피하여 영국, 네덜란드, 독일, 아일랜드, 미국 등으로 이주했다. 그리고 프랑스에 남은 60~70만 명의 위그노는 가톨릭으로 개종했다. 이때 약 30만 명의 위그노가 프랑스를 떠났을 것으로 추산된다. 그 가운데 많은 사람이 숙련된 기술자들이었기 때문에, 그들이 정착한 지역의 경제를 풍요롭게 하는 데 크게 기여하게 되었다.

프랑스에서 신앙의 자유가 다시 허용된 것은 프랑스 혁명 직전인 1787년 '자유의 칙령'에 의해서였다. 그리고 1789년 프랑스 혁명 직전에 왕은 위그노들에게 로마교회를 통하지 않고도 자신들의 출생신고와 결혼신고 및 사망신고를 자유롭게 할 수 있도록 허락했다. 위그노들은 혁명 기간 동안 그들의 역사에서 처음으로 신앙생활을 자유롭게 영위할 수 있었다. 1802년 나폴레옹은 로마교회와 루터교회와 개혁교회가 공존할 수 있는 제도적 장치를 마련해 주었다. 그러나 이후 위그노들의 일치는 깨지고 말았다. 여러 갈래의 개혁파 분파들이 생겨났고, 20세기에 들어와서는 세 개의 개혁파 민족교회가 형성되었으며, 곧 둘이 되었다. 그러나 이 개혁파 교회들은 1938년에 연합하기로 결의했고, 나아가서 몇몇 자유교회와 감리교회들과 연합하여 오늘의 프랑스 개혁교회를 형성하기에 이른다.

Section 02 네덜란드 장로교회

네덜란드는 1520년에 루터의 작품을 정죄하고, 1523년에는 두 명의 루터주의자들을 화형시켰다. 그러나 1523년부터 츠빙글리의 영향을 받게 되면서 1550년대 후반에는 개혁교회 형태의 개신교 교회가 확고하게 세워지게 되었다. 1561년에는 기 드 브레(Guy de Brés)가 네덜란드 전역에 흩어진 신도를 위한 〈벨기에 신앙고백〉을 작성했다. 그 당시에는 오늘날의 벨기에와 네덜란드가 분리되지 않은 한 나라로서 벨기에로 불렸기 때문에, 일반적으로 〈벨기에 신앙고백〉이라고 일컫는다. 1566년 안트베르펜에서 열린 총회는 이 신앙고백을 낭독하는 것으로 시작했다. 이 총회는 이 신앙고백의 본문 몇 군데를 고쳤지만, 내용상의 수정을 가하지는 않았다. 1571년 엠덴에서 개최된 총회에서는 이 신앙고백에 공식적으로 서명했다. 그리고 엠덴 총회는 프랑스 모델(국교 분리 원칙)에 기초한 장로 중심의 교회 통치체제를 채택했다.

1522년 벨기에의 몽(Mons)에서 출생하고 성장한 드 브레는 1548년 로마교회의 박해를 피해 영국 런던에 있는 네덜란드 피난민 교회에서 신앙훈련을 철저하게 받은 뒤에 1552년 네덜란드 남쪽 지방에 있는 릴르의 교회에서 목회했다. 그러나 1556년에 다시 로마교회의 심한 박해로 인해 프랑크푸르트로 이주하여 피난민 교회를 세우고 목회했는데, 여기서 칼뱅을 만나게 된다. 그후 그는 제네바에 가서 칼뱅과 칼뱅의 제자이며 그의 사후에는 그의 후계자가 되었던 테오도르 드 베즈(Théodore de Bèze)에게서 수학했다. 이러한 배경에서 네덜란드교회는 개혁교회 전통의 장로교 제도를 수용하게 되었던 것이다. 당시에 네덜란드교회는 로마교회에 대한 투쟁 이외에 스페인으로부터의 정치적 독립이 문제되는 상황에 있었다. 네덜란드교회는 스페인과의 전투를 치르면서 개혁교회 공동체의 단결을 이룰 수 있었고, 이는 이후에 개혁교회를 위한 동력의 원천이 되었다.

1619년 도르트 회의의 국제적 비중에서도 알 수 있듯이 네덜란드 장로교회는 17세기 초에 개혁교회 사상의 매우 유력한 중심지가 되었으며, 아르미니우스 논쟁으로 알려진 유명한 신학논쟁의 무대가 되었다. 1651년 네덜란드 장로교회는 국가교회로서 특권을 누리게 되었다. 그러나 1789년 프랑스 혁명의 영향으로 일어난 1795년의 바타비아 혁명은 네덜란드 장로교회를 국교 분립의 교회로 만들었다. 이후 다른 개신교회들과 로마교회, 그리고 유대교가 더 큰 신앙의 자유를 허락받았다. 하지만 1848년의 헌법은 모든 교파에게 신앙의 자유를 허락했다. 제2차 세계대전까지 네덜란드 장로교회는 계속 큰 영향을 발휘했으나 그 이후로는 세속주의와 분열이 가속화되었다.

Section 03 스코틀랜드 장로교회

루터의 종교개혁이 1520년대 스코틀랜드에 소개되자마자, 그 운동은 불일 듯이 전역에 퍼져나가기 시작했다. 1525년에는 루터의 책이 수입 금지되었고, 1528년에는 루터주의자였던 패트릭 해밀턴(Patrick Hamilton)이 화형을 당했다. 개혁교회 형태의 개신교를 스코틀랜드에 도입한 것은 스위스에서 개혁교회 신학을 배운 위샤트(G. Wishart)로서 그는 〈제1헬베틱 신앙고백서〉를 스코틀랜드에 소개했다. 그 후 칼뱅의 영향을 크게 받은 존 녹스(John Knox)가 작성한 〈스코틀랜드 신앙고백서〉가 1560년 국회에서 채택된 이래 스코틀랜드는 개혁교회 전통을 따르는 나라가 되었다. 개혁작업의 일환으로서 제시되었으나 1560년에 채택되지는 않은 〈제1교회규정집〉은 칼뱅의 정치제도에 영향을 받은 것으로 이후 장로제도의 발전에 기여하게 된다. 그러나 완전한 형태의 장로정치 제도는 제네바에서 공부하고 1574년에 스코틀랜드로 돌아온 엔드류 멜빌(Andrew Melville)에 의해 뿌리를 내리게 된다.

존 녹스의 지도 아래 스코틀랜드교회는 로마교회에 맞서서 성공적으로 그 존재를 유지해 나갔다. 그러나 1572년 녹스의 사망 이후, 스코틀랜드교회는 영국 성공회 형식의 감독 체제를 택하게 된다. 이때 멜빌과 그의 동료들은 다시 장로교 체제를 주장했고, 1592년 국회가 이를 승인했다. 이로써 장로교 체제와 감독 체제 사이의 문제 혹은 교회와 국가 사이의 쟁투가 해결되는 듯 했으나 이 문제는 향후 약 1세기 동안 계속 현안으로 남아야 했고, 17세기 후반에서야 비로소 스코틀랜드교회는 철저한 장로교 제도를 수립하게 되었다.

Section 04 영국의 장로교회

영국에서의 개혁교회는 에드워드 6세(1547~1553년)의 통치 동안에 강력하게 확장되었다. 이미 1534년 헨리 8세(1509~1547년)는 '수장령(The Act of Supremacy)'을 공포하고, 왕이 영국교회의 최고 머리라고 선언함으로써 로마 교황청과 결별하고 종교개혁을 시작했다. 영국의 성공회가 헨리 8세에게서 기원한다면, 영국 개혁교회는 헨리 8세의 유일한 적자인 에드워드 6세로부터 시작한다고 볼 수 있다. 이때 마르틴 부처는 그의 마지막 여생을 영국에서 보내고 있었다. 칼뱅은 캔터베리의 대주교 크렌머 및 에드워드 6세의 후견인 서머세트(Somerset)와 직접 서신을 교환하기도 했다. 당시 칼뱅과 영국의 개신교도 사이에는 에드워드 6세가 그의 아버지에 의해 시도된 교회의 개혁을 완수할 것이라는 희망이 널리 퍼져 있었다. 크렌머가 작성한 성공회의 신앙조항 〈39개조〉는 개혁교회 신학의 영향을 분명히 보여준다. 예정론, 성만찬에 대한 진술에서 특히 개혁교회적이다. 그러나 에드워드 6세는 개혁파 신도들 사이에서 일고 있는 위대한 개혁파 군주제의 희망을 무산시키면서 1553년에 너무 일찍 죽었다. 그때 그의 나이가 16세였다.

에드워드 6세의 뒤를 이어 그의 누이인 메리가 왕위를 계승했다. 열렬한 가톨릭 신도인 그녀는 프랑스의 지원을 받아 개신교 신도를 박해하기 시작했다. 이때 많은 개신교인이 취리히와 제네바로 피신했다. 그들은 칼뱅과 츠빙글리의 후계자 불링거(H. Bullinger)에게서 개혁교회 신학을 배울 수 있었고, 신교도였던 엘리자베스 1세가 1558년에 메리 여왕을 처형하고 영국 왕위에 오르자, 다시 돌아와서 1560년대부터 영국에 장로회 제도를 정착시키게 되었다. 이것이 영국 청교도 전통의 시작이다. 그러나 엘리자베스 여왕은 중세 가톨릭 교회의 의식과 조직을 가능한 한 고수하려고 노력한 점에서는 '가톨릭적'이었다. 이것이 청교도들의 불만을 일으켰다. '청교도'라는 명칭은 그들이 엘리자베스 1세 치하 초기에 성직자들의 가톨릭적 예복과 의식을 배척함으로써 신약성경에 나타나는 예배의 '청순(purity)'을 회복하고자 하는 그들의 열망에서 연유되었다. 그들 가운데 전부는 아니지만 많은 사람이 장로교인이었다. 즉, 보다 단순한 예배 의식을 요구한 것 외에도 그들은 교회가 감독에 의해서가 아니라 목사와 장로에 의해서 다스려져야 한다고 생각했던 것이다. 그러나 엘리자베스는 어떠한 변경에도 반대하는 입장을 분명히 했다. 그러자 브라운(R. Browne), 바로우(H. Barrow), 그린우두(J. Greenwood)는 엘리자베스 통치 하에서는 성공회가 진정으로 개혁될 수 없다고 판단하고, 분리 독립하여 비국교적인 교회를 세웠다. 바로 이것이 영국에서 장로교회(회중교회 혹은 독립교회)의 기원이다.

엘리자베스가 1603년에 죽자, 스코틀랜드의 제임스 6세(1567-1625년)가 제임스 1세라는 이름으로 영국의 왕까지 겸하게 되었다. 지독히 귀족적이었던 제임스 1세는 장로정치의 특징인 대의 민주주의적 경향을 이유로 장로제도에 격렬히 반대했고, 그래서 장로제도를 점차 감독제도로 변형시키려는 시도를 끊임없이 했다. 그의 아들 찰스 1세(1625-1649년)는 제임스 1세보다 더 심하게 청교도를 핍박했다. 일부 청교도들이 메이플라워 호를 타고 미국 뉴잉글랜드의 플리머스에 정착한 때가 바로 그 무렵이었다.

영국교회를 근본적으로 정화시키려는 청교도들의 노력은 1640년에 이르러 결실을 얻게 되었다. 국회가 청교도들의 수중으로 들어갔고 따라서 권력도 청교도가 장악했다. 1640년의 국회 다수파는 장로제를 당신의 교회에 대한 하나님의 뜻으로 받아들인 청교도들이었다. 그래서 1643년의 국회는 "교황제, 고위 성직제를 근절시키기로 노력한다…"라고 엄숙하게 서약했다. 같은 해에 최초로 웨스트민스터 총회가 열렸다. 국회는 총회를 위하여 151명을 지명했다. 그중 30명은 국회의원이었고, 나머지는 목사였다. 또한 5명의 스코틀랜드 목사가 참여했는데, 그들에겐 투표권이 없었으나 토론에 참여할 권한은 있었다. 국회는 웨스트민스터 총회에 영국 성공회의 신앙고백서인 〈39개조〉를 수정하게 했다.

총회가 이 임무를 수행하던 중, 국회는 찰스 1세와의 전쟁에 말려들었다. 이때 국회는 스코틀랜드에 군대 지원을 요청했는데, 스코틀랜드는 영국 국회에 도움을 주는 대가로 스코틀랜드의 '장로교 정치 체제'를 수용할 것을 강요하는 동시에, 웨스트민스터 총회에 네 명의 감독관을 파견하여(이들은 투표권을 얻지 못했다) 실질적으로 웨스트민스터 신앙고백의 작성을 위한 역할을 하게 했다. 총회는 마침내 1647년에 〈장로교 정치의 형태〉, 〈예배 모범〉, 〈웨스트민스터 신앙고백서〉와 두 개의 부대 문서인 〈긴 신앙문답서〉와 〈짧은 신앙문답서〉를 완성했다. 이 문서 하나하나가 영국 국회에 의해 인준되었고, 국회는 총회로 하여금 성경적 증거 구절을 첨가하도록 요청했다. 1647년 8월에는 스코틀랜드 총회도 1560년의 〈스코틀랜드 신앙고백서〉와 독일 개혁교회의 대표적인 신앙고백 문서인 〈하이델베르크 신앙문답서〉 대신에 웨스트민스터의 표준을 채택하고 교회에서 사용하게 했다. 이후 〈웨스트민스터 신앙고백서〉는 300여 년 동안 영어권 장로교회의 표준 신앙고백으로 사용되어 왔다.

그러나 찰스 1세와의 대결에서 승리로 이끈 크롬웰이 죽은 후, 1660년대에 영국의 장로교회는 다시 박해받는 소수 무리가 되었다. 찰스 2세(1660~1685년)는 감독 체제를 법제화하여 스코틀랜드 목사들이 웨스트민스터 성당에서 감독으로 안수례를 받게 했고, 동시에 2,000명의 목사가 영국에서 목사 지위를 박탈당했다. 이들 중 대부분은 장로교인들이었고, 일부는 회중교회 사람들이었다. 그러나 1688년의 '명예 혁명'은 영국과 스코틀랜드교회로 하여금 각각 자신의 교회정치 체제를 추구하게 했다. 영국에서는 국가 교회의 감독 체제가 이어졌고, 스코틀랜드에서는 장로교 체제를 다시 추구할 수 있게 되었다. 1707년 영국과 스코틀랜드는 대영제국으로 연합했고, 양국의 연합 협약에는 스코틀랜드에서 장로교 체제를 유지할 수 있도록 하는 보장이 포함되어 있었다. 이후 18세기 영국의 장로교회는 점차 쇠락의 길에 들어섰으나, 스코틀랜드 장로교회의 지속적인 후원에 의해서 19세기 후반에는 영국 자체의 장로교회로 발전하게 된다. 스코틀랜드 장로교회는 18세기 이후 몇 차례의 분열을 거듭하다가 1900년과 1929년에 두 차례에 걸치는 대연합을 이루어낸다.

Section 05 독일, 폴란드, 헝가리 장로교회

(1) 독일교회

독일의 루터교회는 아우구스부르크 회의(1555년) 이후에 독일의 개신교회 내에서 지배적인 교회가 되었다. 그러나 아우구스부르크 평화협정을 통해 결정된 지역별 교파의 자유는 독일 내 일부 지역에서 개혁교회가 활로를 찾을 수 있게 했다. 비록 독일 개혁교회는 소수에 불과했지만, 오늘에 이르기까지 개혁교회 및 장로교회 세계에 가장 광범위하게 알려진 신앙고백 문서 가운데 하나인 〈하이델베르크 신앙문답서〉를 1563년에 발표했다. 1563년은 로마 가톨릭 측의 반(反)종교개혁이 시작되던 시기였고, 독일의 '개혁된' 교회가 안정을 찾아가던 시기였으며, 루터파와 칼뱅주의자 사이에 격렬한 신학논쟁이 전개되고 있던 시기였다. 이런 상황 속에서 팔츠의 선제후 프레드리히 3세는 교회와 특히 예배의 일치를 위하여 멜랑히톤, 칼뱅, 불링거 등 개혁자들의 가르침을 받은 젊은 신학자 우르시누스와 올레비아누스에게 양쪽 진영이 다 수락할 수 있는 신앙문답을 준비하게 하였다. 1542년에 출판된 칼뱅의 〈제네바 신앙문답서〉는 그들이 신앙문답서를 작성할 때 결정적인 본보기로 작용했다.

개혁교회는 1817년 이후 루터교회와 연합을 이루어 '연합교회'를 형성하기도 했다. 제2차 세계대전 이후, 24개의 지역별 루터교회(Landeskirchen)는 각각 자체 내의 자율을 유지하면서 '독일 개신교회(EKD, Evangelische Kirche in Deutschland)'를 형성하고 있다. 오늘날 독일 내의 개혁교회는 여전히 소수에 불과하다.

(2) 폴란드교회

개혁교회는 칼뱅이 생존해 있을 때 폴란드에도 도입되었다. 지기스문트 왕은 칼뱅과 서신을 교환하던 인물 중 하나였다. 그리고 런던과 엠덴에서 목회하던 존 아 라스코(John à Lasco, 1499~1560년)가 1556년 폴란드에 돌아와 개혁교회를 세웠지만, 큰 성공을 거두지는 못했다. 그러나 1570년에는 개혁교회, 루터교 및 체코 형제단이 〈산도미르 합의 신앙고백〉을 채택함으로써 개신교회들은 이후 수십 년 동안 폴란드의 국가 차원의 삶에 큰 영향력을 발휘하게 되었다. 그러나 17세기에 들어서면서 로마 가톨릭 교회의 반종교개혁이 폴란드에서 대단한 효력을 발휘했고, 그후 폴란드에서의 개혁교회는 그 명맥만 유지하게 되었다.

(3) 헝가리교회

헝가리에서 루터파는 이미 1523년 이전부터 활약하고 있었다. 그러나 헝가리를 터키와 신성로마제국으로부터 해방시킨 애국자 보케이(Stephen Bocskay)는 칼뱅주의자였다. 그리고 그의 활동은 제네바 종교개혁 기념비에 기록되어 있다. 헝가리 개혁교회 공동체는 관할권을 갖지만, 특별한 어떤 위계상의 지위는 없는 감독 또는 주교를 포함한 정치제도를 발전시켰다.

Section 06 미국과 캐나다 장로교회

(1) 미국교회

미국에서의 개혁교회는 서로 다른 유럽 이주민에 의해서 뿌리를 내리기 시작했다. 크게 세 부류로 구별할 수 있다.

첫째, 분리주의 청교도에 의한 플리머스 정착(1620년)과 영국 국교 신봉 청교도에 의한 매사츄세스 정착(1628년)이다. 이들은 최초의 개혁교회 공동체를 이루었고, 1646~1648년에 매사츄세스 케임브리지 대회에서 〈웨스트민스터 신앙고백〉을 약간의 수정을 거쳐 채택했다. 그러나 이들이 선택한 교회정치제는 회중정치제였다.

둘째, 미국에 개혁교회 정신을 도입한 두 번째 그룹은 네덜란드 개혁교회다. 그들은 1624년 뉴욕(당시는 뉴암스테르담)에 이주하기 시작했다. 비록 뉴욕이 1644년에 영국의 영토가 되었지만, 네덜란드 개혁교회 공동체는 계속 번성했다. 그들은 또한 그들의 신앙고백 문서들, 곧 〈벨기에 신앙고백서〉, 〈하이델베르크 신앙문답서〉, 〈도르트신조〉(칼뱅주의 5대 강령) 등 16세기와 17세기의 중요한 칼뱅주의 신학적 유산들도 가져왔다. 네덜란드인의 이민이 증가함에 따라 네덜란드로부터 독립된 네덜란드 개혁교회가 미국에 세워졌다. 이것이 미국 개혁교회의 시초다.

셋째, 미국에 개혁교회 전통을 도입한 이들은 스코틀랜드 사람들과 스코틀랜드계 아일랜드 사람들이었다. 스코틀랜드 사람들은 1651년에 처음 크롬웰에 의해 고용된 신분으로 미국에 보내졌다. 먼저 정착한 청교도들은 자신들이 서부에 식민지를 개설하여 인디언에 대한 방어벽이 되기를 희망했던 것이다. 1714년 이후 많은 수의 울스터 스코틀랜드 사람들이 이주하여 보스턴에 정착했다. 이들은 이미 정착한 뉴잉글랜드 청교도들과 충돌했고, 그래서 이들은 서부 펜실베니아, 버지니아, 캐롤라이나와 조지아 등으로 이동했다.

이어서 1746년에는 대규모의 고지대 스코틀랜드 사람들이 이주해 와서 북부 캐롤라이나의 케이프 피어 지역에 강력한 장로교회 정착지를 건립했다. 1763년~1775년 동안 스코틀랜드로부터 식민지 미국에 이주한 사람의 수는 약 2만5천 명이나 되었다. 이들은 이미 미국에 정착한 청교도들과 합세하여 개혁교회 신학전통의 장로교회를 발전시켜 나갔다. 1706년에는 최초의 노회를 개최했고, 1717년에는 제1차 대회를 열었다. 1729년에는 〈웨스트민스터 신앙고백〉을 그들의 신앙고백으로 채택했고, 급기야 1788년에는 뉴욕과 뉴저지, 필라델피아, 버지니아, 캐롤라이나 등 네 개의 대회를 포함하는 총회를 구성했다. 미국 장로교회의 역사적 발전에서 주목할 만한 점은 스코틀랜드와는 대조적으로 국가가 아니라 회중에 의해서 노회, 대회, 총회로 발전되었다는 사실이다.

미국 장로교회는 진보파와 보수파의 대립에 의해 1837년 네 개의 장로교단으로 분열되었다. 그러나 남북전쟁을 거치며 19세기 후반에 남장로교회와 북장로교회로 재편되었다. 그리고 북장로교회는 1967년에 〈미국 장로교회 신앙고백서〉를 채택했는데, 이는 〈웨스트민스터 신앙고백서〉 이후 거의 3세기만에 처음으로 장로교회가 새롭게 신앙을 고백한 역사적 신앙문서다. 미국의 장로교회는 1983년에 남북 장로교회가 연합하여 연합장로교회를 형성했다.

(2) 캐나다교회

캐나다에 개혁교회 전통이 소개된 때는 18세기 후반이다. 당시 스코틀랜드 장로교회는 여러 갈래로 나뉘어 있었고, 몇몇 스코틀랜드 교파가 각각 캐나다에 각각의 지부를 설립했다. 그러나 1875년에 이 여러 교파들이 하나로 모여 캐나다 장로교회를 결성하게 된다. 그리고 1925년에는 캐나다 장로교회가 감리교회, 회중교회와 연합하여 캐나다 연합교회를 형성했다. 캐나다 장로교회 중 이 연합에 참여하지 않은 교회는 소수에 불과하다. 오늘날 캐나다 개혁교회는 연합교회가 주류를 이루고 있다.

Section 07 한국 장로교회

19세기는 교회 역사상 그 유래를 찾아볼 수 없는 개신교 선교의 시대였다. 캐나다, 호주, 뉴질랜드, 인도 등에 속속 개혁교회가 들어서기 시작했고, 한국에도 1884년 말에 미국 북장로회의 의료선교사 알렌이, 그리고 1885년 4월에는 교육선교사 언더우드가 들어옴으로써 한국에서의 장로교회 역사가 시작되었다. 1901년에는 미국의 남북 장로교 선교부, 캐나다 장로교 선교부 및 호주 장로교 선교부가 장로교 선교 협의회(The Council of Missions)를 구성함으로써 '조선 야소교 장로회 공의회'라고 하는 하나의 장로교 연합기구가 생겨났고, 동년 5월에는 평양신학교가 개교했다. 1907년 9월 17일에는 평양 장대현 교회에서 최초의 조선예수교장로회(독) 노회'를 조직했고, 이어 1912년에는 '조선예수교장로회 총회'를 처음 개최했다.

한국 장로교회는 일제강점기 동안 무엇보다도 의료, 교육, 복지 분야에서 한국사회에 큰 기여를 했다. 또한 장로교회는 일제의 탄압에 맞서 반일민족해방운동의 내적-외적인 동인 역할을 수행하기도 했다. 1938년 평양신학교가 일제의 '신사참배 강요'에 대한 항거로 자진 폐교를 했을 때는 기호 지방의 교회 지도자들이 중심이 되어 1940년에 장로교 신학교(조선신학교)를 세움으로써 자주적인 한국교회사를 펼쳐나가기 시작했다.

한국 장로교회는 20세기 후반에 이르기까지 선교사들이 전해 준 〈웨스트민스터 신앙고백서〉와 〈신앙문답서〉, 그리고 그 요약이라고 믿었던 〈12신조〉만을 권위 있는 신앙의 표준으로 생각하고 있었다. 그러나 〈미국 장로교회 신앙고백서〉(1967년)는 한국 장로교회에 신선한 자극으로 작용했다. 1972년에는 한국기독교장로회가 새로운 〈신앙고백서〉를 작성, 채택했고, 1986년에는 대한예수교장로회 통합측이 〈대한예수교장로회 신앙고백서〉를 작성하고 채택했다.

2016년 9월 기준으로 한국의 장로교인들은 620만 명[2] 이상을 헤아리며, 한국의 정치, 사회, 경제 등 각 분야에서 활발한 활동을 벌이고 있다. 그러나 한국 장로교회는 1945년 해방 이후에 사분오열을 거듭하여 크고 작은 장로교단을 합하면 200여 교단[3]에 이르고 있다. 신사참배 반대 문제, 성경의 권위와 성경비평학 문제, 신학적 보수와 진보의 갈등, 에큐메니칼 운동에 대한 신학과 이념의 대결 등 한국 장로교회를 분열시킨 원인은 다양하다. 그러나 세계 장로교회의 추세는 분열이 아니라 일치라는 것을 보여주고 있다. 20세기에 들어서면서 유럽(프랑스 장로교회와 스코틀랜드 장로교회)과 미국에서 장로교회의 연합과 일치가 성공적으로 일어났다. 이는 "갈라진 모든 것을 하나로 만드시는" 성령의 놀라운 역사 때문일 것이다. 멀지 않은 장래에 한국 장로교회의 통합이 성취되기를 소망한다.

---

2 통합 2,789,102명, 합동 2,700,977명, 기장 264,743명, 고신 461,476명(2016년 9월 28일 CBS 보도 기준, https://www.youtube.com/watch?v=HGIxFpaRQkc)

3 2015년 7월 10일 CBS 보도 기준, https://www.youtube.com/watch?v=iJFyNV1vglM

7장
장로교의 신앙고백

Section 01 신앙고백의 의미와 필요성

모든 강력한 확신들의 경우처럼 신앙은 다른 사람 앞에서 그것을 입으로 표현하기를 원한다. 사도는 "사람이 마음으로 믿어 의에 이르고 입으로 시인하여 구원에 이르느니라(롬 10:10)"라고 분명하게 선언한다. 그래서 혹자는 말하기를, "고백되지 않는 신앙은 죽은 신앙이다. 따라서 신앙이 참되게 존재하는 곳에는 언제나 신앙고백이 존재한다"라고 했다. 이런 의미에서 신앙고백은 마치 교회의 자화상과 같다. 어떤 하나의 신앙고백서는 특정한 공동체가 특정한 시대와 장소에서 그리스도교 신앙을 어떻게 이해했는지를 보여주기 때문이다.

역사적으로 교회는 언제나 교회 안팎에서 교회의 신앙과 일치를 위협하고 파괴하려는 세력에 직면했고 그때마다 공통의 신앙을 고백하여 교회의 방향을 지시해 왔다. 〈사도신경〉을 비롯하여 초대교회의 여러 에큐메니칼 신조들과 종교개혁 당시에 나온 신앙고백서들은 그 같은 역사의 도전에 대해 교회가 응답한 대답들이다. 특히 초대교회와 종교개혁의 때에 수많은 신앙고백이 쏟아져 나온 이유는 그 같이 시대가 어렵고 혼란스러울 때에 교회가 교회의 구성원들과 세상을 향해 교회가 무엇인지, 무엇을 믿는지, 그리고 무엇을 하는지를 분명히 선언할 필요를 강하게 느꼈기 때문이다.

각각의 신앙고백은 그것이 만들어진 당시의 시대적 관심사를 다루고 있지만, 신앙고백은 교회의 단순한 역사적인 문서 이상의 것이다. 신앙고백은 우리를 신앙의 선진들과 교제하게 하고, 전 세계에 흩어져 있는 믿음의 형제들과 하나로 연결시켜준다. 예컨대, "나는 거룩한 공회와 성도의 교제를 믿습니다"라는 고백은 과거와 현재, 그리고 미래의 모든 성도가 신앙의 유대를 통하여 주 예수 그리스도를 머리로 하는 하나의 교회 혹은 하나님의 한 백성으로 결속되어 있다는 것에 대한 확신을 표명한다. 또한 신앙고백은 교회가 성경에서 증언되는 하나님의 말씀을 듣고 이해하여 표현한 것이기 때문에, 기독교 신앙의 핵심 내용과 성경을 해석하는 데 필요한 어떤 지침을 제공해준다. 따라서 신앙고백은 교회가 건전한 신앙과 교리를 유지하고, 교회가 처한 시대와 상황 속에서 복음 증언의 사명을 감당하게 하는 데 큰 도움이 된다.

그러나 일반적으로 교회는 교회 공동체의 질서와 유지를 위하여 신앙고백을 필요로 한다. 어떤 사람을 공동체의 일원으로 받아들이고자 할 때, 혹은 예배시에 회중의 신앙을 표현할 필요가 있을 때, 혹은 목사나 장로, 집사 등 교회의 직원을 임명할 때에 교회는 신앙을 고백할 필요성이 있다. 예컨대, 목사와 장로는 임직시에 교단의 신조와 신앙문답을 믿고 따를 것인지, 정치와 권징조례, 그리고 예배모범을 인정할지에 대해 분명한 답변을 해야 한다. 장로교의 신앙고백서와 거기에 표현된 장로교 신앙의 기본 교리가 무엇인지 모르고 이 서약에 "예"라고 대답할 수 없다. "너희 속에 있는 소망에 관한 이유를 묻는 자에게는 대답할 것을 항상 준비하라(벧전 3:15)"라는 사도의 말씀은 여기에 적중된다. 우리가 다른 교회와 달리 무엇을 믿는지를 분명히 알고, 고백하며, 이 진리의 표준에 따라서 그리스도의 몸 된 교회를 섬기는 일은 이 시대 장로교인으로 살아가는 우리에게 맡겨진 사명이기 때문이다.

Section 02 장로교회의 신앙고백들

장로교회는 웨스트민스터의 신앙문서를 장로교의 표준 신앙문서로 간주하지만, 회중교회나 복음주의교회와는 달리 전통적인 개혁교회의 신앙고백서들도 장로교의 신앙고백으로 받아들인다. 그런데 루터와 멜란히톤(Philipp Melanchthon) 등에 의해 같은 지리적 조건 하에서 8년 동안에 거의 대부분이 기록된 루터교회의 고백서들과 달리 루터교회가 인정하는 신조는 9개가 있다. 그 중 셋은 초대교회 때부터 그대로 물려받은 〈사도신조〉, 〈니케아-콘스탄티노플 신조〉, 〈아타나시우스 신조〉이고, 나머지 여섯은 새로 제정한 것인데, 〈아우구스부르크 신앙고백서〉, 〈아우구스부르크 신앙고백의 변증서〉, 〈슈말칸트 신조〉, 〈루터의 길고 짧은 신앙문답〉, 6명의 루터파 신학자들이 작성한 〈일치신조〉 등이 그것이다.

개혁교회는 처음 150년 동안 매우 다양한 시기와 장소에서 주목할 만한 신앙고백서를 적어도 50가지나 만들어냈을 뿐만 아니라 오늘에 이르기까지 계속해서 세계 도처에서 새로운 신앙고백을 만들어내고 있다.

개혁교회가 루터교회와 달리 이처럼 많은 신앙고백을 갖는 것은 무엇 때문인가? 그것은 무엇보다도 신앙고백에 비하여 성경을 더 중요시하는 성경의 우위성에 대한 개혁교회의 강조 때문이고, 또한 이러한 이유에서 개혁교회는 언제나 신앙고백이 성경과 일치하는지에 대한 물음을 계속적으로 제기했다. 이것은 〈스코틀랜드 신앙고백서〉 서문에서 발견되는 것과 같은 것이다.

"만일 어떤 사람이 우리의 신앙고백에서 하나님의 거룩하신 말씀에 모순되는 어떤 장이나 문장을 발견했다고 한다면, 그는 우리에게 가장 큰 친절을 보여주는 것이다. … 우리는 그 사람에게 우리의 명예를 걸고 하나님의 은혜에 의해 하나님 자신이 입으로 하신 말씀 즉, 성경을 통하여 그를 만족시키거나 혹은 그가 잘못된 것으로 입증할 수 있는 것은 무엇이든지 교정할 것을 약속한다."

이런 식으로 1536년의 〈제1헬베틱 신앙고백서〉는 30년 뒤에 〈제2헬베틱 신앙고백서〉로 대체되었다. 130년 동안 권위를 지니던 〈스코틀랜드 신앙고백서〉(1560년)는 〈웨스트민스터 신앙고백서〉(1647년)를 위해

1690년에 파기되었다. 마찬가지로 칼뱅은 1536년의 〈신앙문답서〉를 1545년의 〈신앙문답서〉로 대체했고, 그 본래적인 의도와 형식에서 실제로 신앙고백적 문서고 프랑스 개신교인을 위한 변증이었던 그의 대작 〈기독교강요〉는 그의 생애 동안 부단히 개정되었다. 이것은 개혁교회가 언제나 각자의 새로운 상황에서 새롭게 고백되어야 하는, 성경에서 증언된 하나님의 말씀을 따르는 교회라는 것을 명확히 해준다. 또한 이것이 종교개혁 이후 복잡한 양상을 띠고 발전한 개혁교회의 모든 다양성에도 불구하고, 개혁교회가 자신의 특징을 나타내는 몇 가지 교리적 강조점을 공유할 수 있는 이유이기도 하다.

미국 장로교회는 1967년에 웨스트민스터의 표준에 고대의 신조들과 종교개혁 시기의 신앙고백들, 그리고 두 개의 20세기의 신앙고백을 접맥시키는 작업을 했다. 〈신앙고백서 모음〉(Book of Confessions)에는 두 개의 가장 오래된 신조인 〈니케아 신조〉와 〈사도신경〉이 있으며, 네 개의 각각 다른 나라를 대표하는 신앙고백 즉, 〈스코틀랜드 신앙고백〉, 〈제2헬베틱 신앙고백〉, 〈웨스트민스터 신앙고백〉, 〈신앙고백〉(1967년)이 있고, 〈하이델베르크 신앙문답〉, 〈웨스트민스터 긴 신앙문답〉, 〈웨스트민스터 짧은 신앙문답〉 등 세 개의 신앙문답이 있으며, 한 개의 신학선언인 〈바르멘 신학선언〉과 마지막으로 1991년 볼티모어 총회에서 채택한 신앙증언인 〈간추린 신앙고백〉을 포함하고 있다.

한국기독교장로회가 2003년에 펴낸 〈장로교 신조 모음〉에는 〈신앙고백서 모음〉과 달리 〈웨스트민스터 긴 신앙문답〉을 제외하고, 〈제1헬베틱 신앙고백서〉, 〈제네바 신앙고백서〉와 〈제네바 신앙문답서〉, 그리고 〈프랑스 신앙고백서〉 등 네 개의 종교개혁 시기의 신앙고백 문서를 새롭게 추가하고, 여기에 한국 장로교회의 첫 번째 신앙고백서인 〈한국기독교장로회 신앙고백서〉와 〈신앙문답서〉를 첨가한 15개의 신앙고백 문서가 실려 있다. 〈장로교 신조 모음〉이 새로 추가한 네 개의 종교개혁 시기의 신앙고백 문서 가운데 첫 번째 〈제1헬베틱 신앙고백서〉(1536년)는 종교개혁 초기에 루터파와 개혁파의 일치를 위해서 작성한 문서며, 나머지 세 개의 문서는 칼뱅이 직접 작성했거나 간접적으로 영향을 미친 신앙고백서기 때문에 종교개혁의 활력과 개혁의 정신을 보다 분명하게 드러내는 신앙고백서들이다. 그러므로 이 두 개의 장로교 신앙고백서 모음에 실린 신앙고백 문서는 장로교 신앙의 주제와 핵심 내용에 대한 충실한 길잡이가 되리라고 본다.

Section 03 장로교 신앙고백의 특징과 강조점

(1) 하나님 중심

장로교 전통의 가장 기본적이며 포괄적인 특징은 하나님 중심적 사상과 삶이다. 이 하나님 중심주의는 '하나님에게만 영광'이라는 장로교의 유명한 표어에서 잘 드러난다. 그러나 이 표어는 흔히 "하나님은 전부이고 인간은 아무것도 아니다"라는 것을 말한다고 오해를 받았다. 칼뱅이 '인간의 최상의 행복'은 하나님을 찬양하며 살아가는 삶에 있다고 말하기 때문에, 그러한 오해가 사실처럼 생각될 수도 있다. 그러나 칼뱅은 인간과 인간의 삶을 결코 비하하거나 도외시하지 않았다. 칼뱅은 그 어떤 주장을 하든 간에 언제나 하나님과 인간을 함께 고려했다. 그가 〈기독교강요〉 제1권 첫 문장에서 말하는 것은 그의 신학과 삶 전체를 규정하는 하나의 규범과도 같다.

"우리가 갖고 있는 거의 모든 지혜, 곧 참되며 온전한 지혜는 두 부분으로 되어 있다. 그 하나는 하나님에 관한 지식이요, 다른 하나는 우리 자신에 관한 지식이다."

이것은 확실히 칼뱅 신학의 '변증법적 성격'을 말해준다. 칼뱅은 하나님을 별도의 문제로 여기고, 결코 인간의 삶 혹은 인류의 문제를 고려하지 않았다. 물론 하나님과 인간에 대한 고려에서 언제나 '앞서는 것', 우선적으로 고려해야 하는 것은 하나님이라는 것을 분명히 했다.

"인간은 분명히 먼저 하나님의 얼굴을 응시하고 나서, 다음으로 자신을 세밀히 검토하지 않는 한, 결단코 자신에 대한 참된 지식에 도달하지 못한다." 〈기독교강요〉 I.1.2

하나님은 언제나 하나님과 인간의 이 변증법적인 관계에서 주도권을 갖는다. 그러나 칼뱅이 그리는 하나님은 결코 이기적이지 않다. 그가 생각하는 하나님은 인간에게 영광받기를 원하시며, 인간과 인간의 삶에 가장 적절한 목표를 정해 주시고, 이렇게 인간과 그의 삶을 목적과 의미 있는 삶으로 만드는 분이시다. 하나님은 인간 없이 홀로 거룩하고 영광스럽게 되고자 하지 않으신다. 하나님은 인간을 그의 형상대로 지으시고 인간이 그의 삶에서 하나님의 영광을 나타내게 하셨다. 이와 같이 칼뱅의 사상에서 인간은 하나님의 자기 영화 속에 참여하고 존재한다.

그러므로 "하나님에게만 영광"이라는 표어는 하나님과 인간, 보다 정확히 표현하면, 하나님의 전능한 능력과 인간의 책임, 하나님의 선택과 인간의 결단 양쪽 모두를 말하는 성경의 증거에서 다만 앞부분, 곧 하나님의 주권적이고 절대적인 은혜를 강조하는 것일 뿐이다. 칼뱅은 하나님의 은혜를 떠나서 인간은 단 하나의 선행도 자기에게 돌릴 수가 없다고 단호하게 말한다. 당시 로마 가톨릭교회의 신학자들은 인간에게는 하나님의 은혜와 협력할 고유한 힘이 있다고 주장했다. 그들은 이 주장의 성경적 근거를 "내가 모든 사도보다 더 많이 수고했으나 내가 한 것이 아니요 오직 나와 함께 하신 하나님의 은혜로라(고전 15:10)"라는 바울의 진술에서 찾는다. 그러나 저들은 자신들의 주장을 정당화하기 위해 바울의 진술을 왜곡한다. 바울이 그렇게 말한 것은 자신이 다른 모든 사도보다 낫다고 말한 것이 너무 거만하게 보일까봐 하나님의 은혜를 찬양하면서 자신을 하나님과 함께 일하는 동료로서 일컬었다는 것이다. 그러나 칼뱅은 저들이 사용하는 라틴어 번역판 '불가타역 성경'이 아니라 바울의 헬라어 본문에로 돌아가서, 사도가 진정 말하고자 한 것은 "하나님의 은혜가 자기와 협력했다는 것이 아니라, 자신과 함께 하는 은혜가 모든 것의 원인이다(〈기독교강요〉 Ⅱ.3.11-13)"라는 것이었다고 저들을 논박한다.

하나님의 절대적 주권, 자유에 대한 장로교회의 강조는 어디서 기인하는 것일까? 이것이 하나님의 영원한 선택과 섭리에 대한 전통적인 개혁교회의 신앙에서 비롯되었다는 것은 분명하다. 개혁자들이 성경에서 발견한 것은 예수 그리스도 안에서 우리를 위한 하나님의 한없는 사랑, 값없이 우리에게 주어진 의와 생명이었다. 그가 우리를 위하여 자신을 온전히 내어주셨는데, 그에게 영광과 감사를 돌리지 않을 까닭이 어디 있겠으며, 그의 예정과 섭리를 신뢰하지 못할 이유가 또 어디 있겠는가! 이와 같이 개혁자들은 예수 그리스도 안에서 나타난 하나님의 놀라운 은혜에 대한 감격과 감사에서 도덕적, 윤리적 당위성이나 율법적 강제 때문이 아니라, 기꺼이 그리고 자발적으로 기쁜 마음에서 오직 하나님에게만 영광을 돌리고자 했던 것이다. 그러므로 하나님 중심적이란 곧 그리스도 중심적이며, 동시에 성령 중심적이라는 말이다. 이런 점에서 장로교 신학이 하나님 중심적 특징이 있다는 것은 곧 철저하게 삼위일체적 특징을 지녔다는 말이다.

(2) 성경 중심

장로교회는 또한 말씀 중심의 교회, 달리 말하면 성경을 최종적인 권위로 삼는 교회다. 그러면 혹자는 이렇게 질문할 것이다. "성경을 배타적이며 최종적인 권위로 삼지 않는 교회도 있는가?" 대답은 이렇다. "있다." 로마 가톨릭교회는 성경을 하나님 말씀으로 인정하지만, 성경과 나란히 교회의 교리전통, 교회의 결정을 중시한다. 중세 후기의 핵심적 쟁점은 교회가 성경에서 발견하거나 추론할 수는 없지만 전해진 전승들 가운데서 정경과 동등한 것으로 추정되는 신념 혹은 교리를 회중에게 선포할 수 있느냐는 것이었다. 로마교회는 그렇다고 했고, 루터와 칼뱅을 포함하는 개혁자들은 성경과 권위가 동등한 다른 어떤 계시의 원천이 있다는 것을 강하게 거부했다. '오직 성경만'이라는 구호는 바로 이 계시의 다른 원천을 강력하게 비판하는 종교개혁 전체의 주제였다. 그러나 이 원리를 일관되게 관철시킨 것은 개혁교회였다. 유감스럽게도 루터교회의 〈일치신조〉(1577년)에서 자주 나타나는 '하나님의 말씀과 아우구스부르크 신앙고백서' 같은 대구(對句)는 루터 이후에 루터교회가 다시 로마 가톨릭의 '숙명적인 이원론'으로 회귀했다는 것을 보여주기 때문이다.

그러나 개혁교회 개혁자들은 하나님의 말씀 혹은 그리스도와 나란히 서 있을 수 있는 다른 어떤 권위를 결코 인정하지 않았다. 그들은 '오직 성경만'을 신앙과 삶의 유일한 규칙으로 받아들였다. 〈제네바 신앙고백서〉 첫 문단은 다음과 같이 시작한다.

"우선, 우리는 신앙과 경건의 규칙의 관해서는 하나님의 말씀과 다른 인간의 생각으로 날조된 어떠한 것을 성경과 혼합하지 않고서 단지 성경만을 따르고자 한다는 것을 공언한다."

칼뱅의 영향을 가장 분명하게 반영하고 있다고 평가받는 〈프랑스 신앙고백서〉는 다음과 같이 선언한다.

"성경은 모든 진리의 척도이며 … 오직 모든 것은 성경을 따라서 검토되고, 규정되며, 개혁되어야 한다."

개혁교회는 이렇게 처음부터 살아계신 하나님의 말씀만이 진리며,

그 진리는 오직 성경에만 담겨 있고, 따라서 모든 교리는 성경의 표준에 따라 측정되어야 한다고 주장했다. 그리고 개혁교회는 이 성경의 토대 위에 교회와 사회의 모든 제도와 법규를 근거시키려고 했다. 이것이 이른바 종교개혁의 '형식원리'라고 일컬어지는 개혁교회의 '성경원리'다.

그러나 우리는 어떻게 성경이 참으로 하나님의 말씀이며, 유일한 진리이고, 따라서 우리의 신앙의 확실한 규칙과 모든 진리의 척도가 된다고 확신할 수 있는가? 실제로 하나님 말씀이 우리가 그에 대하여 설명하는 것과 같은 하나님 말씀이 아니라 직접적인 하나님 말씀, 곧 그 말씀을 발설하는 하나님 자신으로서의 하나님 말씀, 사실상 하나님 자신인 하나님 말씀이라는 것을 어떻게 주장할 수 있는가?

칼뱅은 이 물음에 대한 대답을 "하나님이 인격적으로 성경에서 말씀하신다"라는 사실에서 발견한다. 칼뱅에 의하면 성경의 권위는 로마 가톨릭의 주장대로 교회로부터 주어진 것이 아니라 하늘로부터 직접 주어진 것이다. 그래서 칼뱅은 하나님 말씀을 하늘로부터 직접 듣는 것처럼 생각될 때에만 성경은 신도들 가운데서 완전한 권위를 얻게 된다고 주장한다. 하나님만이 그 자신에 대한 유일한 참된 증거가 되시기 때문이다. 만약 '성경은 하나님 말씀'이라는 주장이 하나님 자신이 아닌 다른 어떤 것에 의해 증명될 수 있다면, 어떻게 그것이 하나님 말씀일 수 있겠는가? 따라서 칼뱅은 이 하나님 말씀의 확실성을 하나님이 한편으로는 성경의 예언자들과 사도에게, 그리고 다른 한편으로는 오늘 그 말씀을 읽는 우리에게 동시적으로 부과하는 자기 증거의 계시에서 찾는다(〈기독교강요〉 I.7.1). 이것은 칼뱅이 성경의 신적인 권위를 증명하기 위해 인간의 이성과 판단이 아니라 '성령의 내적 증거'에 호소했다는 것을 말해준다(〈기독교강요〉 I.7.4). 이 '성령의 내적 증거'는 성경의 기자와 독자를 감화, 감동시켜서 공통의 목표에 인도하는 성령의 사역을 뜻하는데, 〈프랑스 신앙고백서〉는 이 '성령의 내적 증거와 조명'에 의해서만 우리가 성경을 교회의 다른 문서와 구별할 수 있다고 명백하게 진술한다.

우리는 칼뱅의 이 성경영감론을 소위 17~18세기 칼뱅주의적 정통주의자들의 '축자영감설'과는 구별해야 한다. 칼뱅이 성경의 기자들을 성령의 기관과 도구로 생각한 것은 사실이다. 그러나 그는 성경이 하나님 말씀이라는 성경의 확실성을 문자 자체에서 발견하지 않고 성령의 감동과 증거에서 발견했다. 바꿔 말하면 성경을 살아계신 하나님의 말씀이 되게 하는 것은 문자 자체가 갖고 있는 신적인 권위 때문이 아니라 인간의 마음을 감화, 감동시키는 성령의 역사(役事)라고 본 것이다. 따라서 칼뱅에 의하면 하나님의 말씀과 성경에 기록된 문자로서의 인간의 말 사이에 그 어떤 본질적인 일치도 없다. 그러나 하나님이 그의 계시된 말씀을 성경의 기록된 말씀과 조화시키고, 그로써 그 기록된 형식을 신비롭고 은혜롭게 그의 자기 계시에 적응시키기 때문에, 우리는 인간의 말과 진술의 형식으로 성경 안에서 우리에게 말씀하시는 하나님의 세미한 음성을 들을 수 있게 된다는 것이다.

이와 같이 성경 안에서 성령을 통해서 말씀하시는 하나님에 대한 발견은 칼뱅과 다른 개혁자들로 하여금 로마 교황의 권위 및 성경과 교회 전통에 대한 로마교회의 입장을 거부하게 했다. 개혁자들은 '오직 그리스도만'을 최고의 권위로 여겼고, 교회를 위한 그의 말씀과 뜻은 성경을 통해서만 알려진다고 보았다. 그리고 다른 모든 인간적 권위는, 그것이

신조이든, 교회 공의회든, 또는 교회의 다른 가르침이든 간에, 교회에서 단지 보조적이고 파생적인 권위를 지닐 뿐이라고 주장했다. 장로교회는 개혁자들의 이 '오직 성경만'의 원리를 그대로 따른다. 성경을 하나님 말씀으로 믿는 것은 하나님의 아들이시며, 유일하신 말씀되시는 예수 그리스도에게 순종하는 것이며 '오직 그리스도만'이 우리 삶의 중심에 계시도록 하는 것이다. 그러므로 장로교회는 교권과 특정 교리의 합리화를 위해 성경을 사용하는 모든 형식의 교권주의나 문자적 형식주의를 배제한다.

(3) 하나님 은혜의 선택: 예정론

장로교 신학의 특징은 또한 예정론에서 드러난다. 일반적으로 예정론은 매우 사변적인 교리라고 생각하는 경향이 있지만, 칼뱅의 예정론은 그의 실제적이고 목회적인 관심에서 유래한다. 그 자신이 절실히 체험한 사실은 복음을 전할 때 어떤 사람들은 기쁘게 신앙으로 응답하는데 반해서 다른 어떤 사람들은 반응이 없거나 부정적으로 반응한다는 것이다. 왜 그런가? 그는 이 곤혹스러운 물음에 대한 대답을 인간의 개성 혹은 성향이 아니라 하나님의 계획과 결정에서 찾았다(엡 1:4 참고). 칼뱅은 이 교리가 왜 어떤 사람들은 복음을 믿고 또 다른 사람들은 거부하는가 하는 문제에 답을 줄 뿐만 아니라, 우리의 구원은 하나님이 값없이 베푸시는 자비와 은혜에 근거해 있다는 확신을 준다고 생각했다.

칼뱅은 〈기독교강요〉에서 이 예정론을 신도의 삶에 대한 진술 뒤에서 다룬다. 그것은 예정론이 신앙생활의 첫 단계가 아니라 마지막에 제대로 이해될 수 있다는 것을 암시한다. "내가 나 된 것은 하나님의 은혜로 된 것이다(고전 15:10)"라는 바울의 진술대로 칼뱅은 신앙의 삶 가운데서 일어나는 것은 자신이 노력한 결과가 아니라 전적으로 하나님이 베푸신 은혜의 결과라는 것을 말하고자 한 것이다. 따라서 칼뱅에 의하면 선택의 교리는 '유용하고', '향기로운 열매'를 맺게 한다. 왜냐하면 그것은 "오직 하나님이 너그러우시기 때문에 우리가 구원을 얻는다는 것을 명백하게" 하기 때문이다(〈기독교강요〉 Ⅲ.21.1). 이러한 칼뱅의 주장은 일반적으로 많은 개신교와 로마 가톨릭 신학자에 의해서도 받아들여졌다.

그러나 그들 가운데 일부가 거부하고, 오늘날까지 논란이 되고 있는 것은 칼뱅 자신이 '두려운 교리'라고 말한 소위 '이중 예정'에 대한 견해다. 이것은 태초에 어떤 사람에게는 영생이, 그리고 다른 어떤 사람에게는 영원한 저주가 정해졌다는 것인데, 이 교리가 인간의 이성에 걸림돌이 된다는 것은 놀라울 일도 아니다. 그것은 부당하고 독단적인 것으로 나타나며, 사람에게 그들의 결정에 대해 무책임하게 만드는 것처럼 보인다. 그러나 칼뱅은 그 교리가 세상에 대한 하나님의 통치와 주권에 관하여 말하는 성경적 근거가 확실히 있다고 보았기 때문에 결코 포기할 수 없는 관점이었다. 칼뱅은 이 교리에 대해 제기되는 불평을 인정하고 그 자신이 물음을 제기한다. "왜 주님은 어떤 이에게는 자비를 베푸시고, 왜 어떤 이에게는 심판을 가하시는가?" 그는 단순히 대답한다. "이 이유를 아는 이는 오직 하나님뿐이시다." 그리고 그는 그의 독자에게 하나님의 감춰진 작정을 캐내려 하지 말라고 권면한다. 하나님의 '헤아릴 수 없는 판단(롬 11:33)'에 비하여 우리 지성은 너무 둔하고 우리의 지혜는 너무 보잘것없기 때문이다. 만약 자기의 우매함을 인정하지 않고 하나님의 위엄을 꿰뚫어 알려는 사람이 있다면, 그는 다만 하나님의 영광에 의해 압도될 뿐이다. 칼뱅은 사도 바울의 말씀을 우리에게 회상시켜준다. "이 사람아 네가 누구이기에 감히 하나님에게 반문하느냐 지음을 받은 물건이 지은 자에게 어찌 나를 이같이 만들었느냐 말하겠느냐(롬 9:20)." 그러나 칼뱅은 예정에 대해 기술할 때, 언제나 목회적인 고려를 빠트리지 않았다. 그의 첫 번째 〈신앙문답서〉에서 선택과 예정에 관한 항목은 다음과 같은 위로의 말과 함께 마무리된다.

"만약 우리가 믿음으로 그리스도를 소유하고 있는 한, 우리는 동시에 이 그리스도 안에서 생명을 소유한 것이므로, 하나님의 비밀스러운 계획을 더 이상 캐물을 필요가 없다. 왜냐하면 그리스도는 하나님의 뜻이 반사되는 거울이요, 우리에게 영생을 확인시키시는 보증이시기 때문이다."

이 예정론은 결코 칼뱅의 핵심 교리는 아니다. 그는 복음 선포의 결과에 따르는 당혹스러운 결과를 설명하려는 맥락에서, 예정론을 구원론과 그리스도인의 삶과 관련하여 고려한 것이다. 그러나 칼뱅의 동역자이며 후계자였던 베즈에 의해 예정론은 루터파의 경우에서와는 전혀 다르게 개혁교회 신학의 중심적 핵심으로 등장하게 되었다. 대략 1570년 이후로, '선택'이라는 주제가 개혁교회 신학을 지배하기 시작했는데, 이는 개혁교회 신학자들이 이 개념으로 이스라엘 민족과 개혁교회 회중을 손쉽게 동일화할 수 있었기 때문이다. 하나님이 저 옛날 이스라엘을 선택하신 것과 같이 이제 개혁교회 회중을 자신의 백성으로 선택하셨다는 것이다. 이 시기 이후로 예정론은 중요한 사회적·정치적 기능을 수행하기 시작했는데, 이것은 칼뱅에게서는 찾아볼 수 없었던 일이다. 그들은 하나님과 선택된 백성인 개혁교회 회중 사이의 계약 이념을 구약성경에서 하나님이 이스라엘 백성과 체결했던 계약에 병행하는 것으로 이해했고, 그 결과 이 통찰은 급속하게 확장되어 가던 개혁교회에서 커다란 중요성을 갖게 되었다. 자기 백성에 대한 하나님의 의무와, 하나님에 대한 그의 백성의 의무를 규정하는 '은혜의 계약'은 개인들과 사회가 준수해야 하는 전체적인 틀을 제공해주었다. 이 신학은 영국에서 청교도주의(Puritanism)로 발전했다. '하나님의 선택된 백성'이라는 가슴 벅찬 감정은 청교도들이 새로운 약속의 땅 신대륙에 들어갔을 때, 더욱 고조되었다. 이와 같이 장로교회는 이 예정론을 통해 하나님과 세계를 바라보는 새로운 관점을 얻었던 것이다.

(4) 신앙에 앞선 성령의 강조: 신앙을 통해 은혜로 의롭다는 여김을 받음

칼뱅은 신앙을 성령론 속에서 다룬다. 이것은 신앙이 성령의 선물이며, 은혜로 말미암은 것이기 때문에, 성령을 먼저 말하지 않고는 신앙을 논할 수 없다는 것을 뜻한다. 이렇게 신앙보다 성령에 더 큰 비중을 두는 것은 칼뱅을 따르는 장로교 신학의 특징인데, 이 점은 칼뱅의 의인론을 루터의 의인론과 비교할 때 분명히 드러난다.

 의인론은 '신앙을 통해 은혜로 의롭다 여김을 받는다'는 것을 주장하는 기독교 구원론의 핵심적인 교리다. 이것은 하나님이 그리스도 안에서 우리를 위해 행하신 일에 대한 믿음으로 우리가 하나님 앞에서 의롭

다는 여김을 받는다는 주장이다. 즉, 우리는 우리의 인간적인 행위와 노력으로 하나님과 바른 관계를 갖게 된 것이 아니고, 하나님이 그리스도 안에서 우리를 찾아오시고 우리를 용서하심으로 하나님과 바른 관계를 갖게 되었다는 사실을 믿는 것으로 의롭다는 인정을 받는다는 것이다. 따라서 의롭다는 여김을 받은 것은 우리가 도덕적으로 완전해지고 깨끗해져서 의로워졌다는 것이 아니다. 우리가 아직 죄인이지만 하나님이 그리스도 안에서 의롭다고 인정하시고 용납해 주셨다는 것을 의미한다.

그러나 루터와 칼뱅은 강조하는 바가 서로 크게 다르다. 루터는 신앙을 통해 은혜로 의롭다는 여김을 받는다는 이 주장에서 강조점이 '신앙'에 있다고 본다. 그러나 칼뱅은 신앙이 아니라 '하나님의 은혜'에 강조점을 둔다. 칼뱅은 우리를 의롭게 하는 근거는 신앙이 아니라 예수 그리스도에게 있고, 신앙의 주체는 우리의 종교적 능력이 아니라 성령이라고 분명히 한다. 성령이 하시는 가장 중요한 일은 신앙을 일으키는 일이며, 이 성령의 역사에 의해서 그리스도와 그의 모든 유익을 누릴 수 있게 된다는 것이다(〈기독교강요〉 Ⅲ.1.1-4).

그러므로 '오직 신앙만'이라는 종교개혁의 표어는, 그에 앞서 예수 그리스도가 우리를 위해 하신 일과 그 일을 오늘 우리에게서 사건이 되게 하는 성령의 역사가 언급되지 않는다면, 신앙 자체가 의의 조건이 되고 결국 인간의 능력으로서의 신앙이 성령과 그리스도의 자리를 차지하게 된다. 이러한 탈선이 중세 후기 로마 가톨릭 교회의 미신적인 업적 중심의 경건주의를 낳았고, 19세기 자유주의 신학의 오류인 신앙의 인간화를 초래했다. 또한 20세기에는 무서운 나치의 유혹 앞에서 유일한 주님이신 그리스도에 항거하는 '독일적 그리스도인의 신앙운동'과 같은 반역을 낳았다. 따라서 성령의 역사와 예수 그리스도 안에 있는 은혜의 사실을 떠나서 '오직 신앙만'을 강조하는 것은 위험천만한 일이다. 하나님 앞에서 우리의 희망 근거는 우리 자신의 역사가 아니라 예수 그리스도의 역사에서 발견되며, 구원의 확실성은 우리 자신의 계산을 통해서가 아니라 무조건적인 십자가의 은혜에서 드러나기 때문이다. 때때로 우리는 '신앙이 좋다', '신앙이 강하다'는 말을 함으로써 사람이 신앙의 주체인 것처럼 착각하고 신앙을 인간의 노력과 행위의 산물로 보는 잘못을 범할 때가 있다. 그러나 우리를 의롭게 하는 것은 결코 우리의 신앙이 아니다. 참된 신앙은 다만 하나님이 그리스도 안에서 우리를 사랑하시고, 용납하시고, 용서하셨다는 것을 받아들이고 인정하는 일이다.

(5) 신앙과 삶의 일치: 윤리에 대한 강조

개혁교회의 신앙고백들은 세상에서 신도가 어떻게 살아야 하는지에 대하여 관심을 집중한다. 이것은 무엇보다도 칼뱅의 영향에 의한 것인데, 그는 '헛된 사변'과 신학의 공허한 철학화를 싫어하고 언제나 '건전하고 결실을 맺는', '유용하고', '유익한' 교리에 관심을 가졌다(〈기독교강요〉 I.2.2, 5.9, 13.20). 이러한 칼뱅의 정신은 개혁교회의 신앙고백문서에 그대로 반영되고, 개혁교회 신학의 독특한 특징이 되었다. 예컨대, 인간이 물가에 심어진 나무라면, 그가 자기의 계절에 따라 열매를 맺어야 한다는 것은 당연한 일이다. 그래서 개혁자들은 루터와 마찬가지로 로마서를 권장했지만, 야고보서를 '지푸라기 서신'이라고 무시하지는 않았다. 그들은 바울의 '신앙에 의한 의인의 교리(롬 3:27)'와 '행함이 없는 신앙은 죽은 것이다(약 2:26)'라는 야고보의 경고 사이에서 어떠한 혼란을 겪지 않은 것이다. 예컨대 〈프랑스 신앙고백서〉는 우리가 "믿음에 의해서만 의롭다는 인정을 받는다는 것을" 분명하게 밝히는 동시에, "이 믿음은 … 반드시 우리 안에서 모든 선한 일을 낳게 한다"라고 천명한다. 신앙과 삶의 일치에 대한 개혁교회의 이 같은 강조가 루터교회의 교리와 다르다는 것은 '공허하고 나태한 죽은 믿음'이 아니라 '살아 있고 활발한 믿음'이 문제된다고 말하는 〈제2헬베틱 신앙고백서〉와 신앙과 선한 행위는 서로 양립할 수 있는가, 또는 얼마나 떨어져 있는가에 대해 힘겨운 토론을 벌인 〈아우구스부르크 신앙고백〉을 비교하는 것만으로 분명해진다. 이후 이 같은 신앙과 행위, 교리와 윤리의 아름다운 결합은 개혁교회 신앙고백서에서 전형적인 것이 되었다.

 도덕과 윤리에 대한 강조는 자칫 바리새파적 업적주의의 함정에 빠질 수 있다. 그러나 개혁자들은 이 오류에 빠지지 않았다. 왜냐하면 그들은 하나같이 선한 행위의 원인이 성령이라고 증언하기 때문이다. 〈프랑스 신앙고백서〉는 '우리가 행하는 선한 행위들'은 "성령으로부터 나온 것이며, 그래서 우리의 의인의 원인이 될 수 있는 것도 아니고, 또한 그 선행들이 우리를 하나님의 자녀들로 받아들여지게 할 수도 없다는 것을" 분명하게 선언한다. 〈스코틀랜드 신앙고백서〉는 "선한 행위의 원인이 우리의 자유의지에 있는 것이 아니라 주 예수의 영에 있다"라고 고백한다. 그러므로 개혁교회에서 윤리는 루터교에서처럼 신앙이 아니라 은혜 위에 확립되고, 은혜는 그리스도 안에서 우리에게 구원을 베풀어주신 하나님에 대한 우리의 감사 근거가 되며, 일종의 메아리와 같이 우리가 우리 삶을 통하여 감사를 발하게 한다. 십계명을 제3부 '감사의 생활'에서 다루는 〈하이델베르크 신앙문답서〉의 구조는 개혁교회의 윤리가 '감사의 윤리'라는 것을 매우 인상적으로 보여준다. 이는 개혁자들의 '오직 은혜로만'이 인간의 모든 '업적(인간들의 노동과 성취)'을 무시하지 않고 오히려 그와 반대로 인간의 책임적인 행위를 활성화시켜준다는 것을 말해준다.

그런데 '그리스도인의 삶'에 대한 개혁교회적 강조는 어디에서 비롯되는가? 다시 말하면, 윤리에 대한 개혁교회적 강조의 비밀은 무엇인가? 그 비밀은 바로 하나님의 선택이다. 개혁교회 신학에서 그리스도인의 삶은 하나님의 선택과 불가분의 관계 속에서 다루어지고, 선택은 또한 교회론의 기초를 이룬다. 칼뱅이 어떻게 선택을 성화와 교회의 교리에 연결시키는지 간략하게 살펴보면, 다음과 같다(선택에 관하여 칼뱅은 바울의 표현을 그대로 받아들인다).

> 하나님은 세상 창조 전에 그리스도 안에서 우리를 택하시고 사랑해 주셔서, 하나님 앞에서 거룩하고 흠이 없는 사람이 되게 하셨습니다(엡 1:4).

칼뱅은 이 하나님의 선택 목적이 우리로 거룩하고 흠이 없는 사람이 되게 하여, 오로지 우리를 통해서 하나님의 은혜의 영광이 찬양을 받게 하시려는 것에 있다고 주장한다(〈기독교강요〉 Ⅲ.22.1, 22.3). 바로 여기에 장로교회의 행동이 지닌 동력의 비밀이 있다.

8장
장로교의 정치원리

장로교회는 교회정치가 갖는 신학과의 관계에 대한 중요성 때문에 교회정치를 진지하게 고려해왔다. 신앙은 그 자체를 표현하는 형식과 분리될 수 없기 때문이다. 그러나 장로교 전통은 교회정치의 중요성을 단순히 강조하는 데 그치지 않고 근본적으로 교회정치는 복음에 종속된다는 것을 주장한다. 이것은 칼뱅의 가르침 때문인데, 칼뱅과 그의 정신을 계승하는 개혁교회 신학은 결코 교회의 존재가 정치에 의존한다고 말하지 않았다. 오히려 교회정치의 본질은 교회의 외적인 형식이 아니라 성경에 대한 교회의 복종이라는 것이다. 교회정치에서 정말 중요한 문제는 감독제가 합당한가 아니면 장로제가 합당한가, 만약 장로제를 택했다면 두 직분(목사와 장로)이 합당한가, 아니면 네 직분(목사, 교수, 장로, 집사)이 합당한가에 관한 것이 아니라 그리스도가 진실로 교회의 주님이신가 하는 것이다. 실제로 교회정치는 인간의 주도권에 관한 문제가 아니다. 그것은 교회의 주님에게 순종하는 행위다. 따라서 어떠한 정치도 그것이 단지 예수 그리스도를 따라가는 한에서만, 말하자면 구체적으로 그것이 그의 모든 결정을 성경의 표준에 종속시키는 한에서만, 권위를 가질 수 있다는 것이 바로 교회정치에 대한 칼뱅의 생각이었다.

Section 01 칼뱅이 제시한 교회정치의 특징

칼뱅이 제네바에서 사역을 처음 시작했을 때, 그가 직면한 사태는 교회조직은 없는데 말씀은 선포해야 하는 상황이었다. 로마 가톨릭의 기본조직은 거부되었으나 새로운 것은 아직 발전되지 못했기 때문이다. 따라서 칼뱅은 새로운 교회 질서에 관심을 갖고 성경의 가르침에 따라 기독교 신앙과 생활을 지지해주는 교회조직을 발전시키고자 했다. 그가 만든 〈교회 법령집〉(1537년, 1541년)은 오늘날까지 개혁교회와 장로교회를 특징짓는 많은 특성을 내포하고 있다. 그는 여기서 목사, 교사, 장로, 집사 등 교회의 네 가지 직분, 목사와 장로로 구성되는 당회조직, 그리고 회중의 도덕생활과 예배참석 등을 감독하는 당회에게 주어지는 권징의 권한, 신도들의 교육을 위한 신앙문답 등을 상세히 규정하고 있다. 그가 제시한 교회조직에서 가장 두드러진 특징은 말씀과 성례전을 통하여 교회를 이루어 가시는 성령을 통한 하나님의 사역에 대한 강조였다. 이것은 교회의 모든 형식적인 표지와 모든 구조가 하나님의 은혜에 종속된다는 것이며, 예수 그리스도가 교회의 머리가 되신다는 것을 말한다. 이렇게 예수 그리스도의 주권이 올바로 강조되는 곳에는 다른 사람 위에 군림하는 어떠한 계급질서도 존재할 수 없으며, 다만 종의 사역이 존재할 뿐이다.

그러므로 칼뱅이 제네바교회에서 시행한 장로정치는 다음의 세 가지로 요약될 수 있다.

① 교회는 그리스도만을 머리로 섬기는 공동체 혹은 몸이며, 모든 구성원은 그분 아래서 동등하다.
② 봉사의 일은 전체 교회에 맡겨졌으며, 하나님이 부르시고 은사를 주신 대로 여러 직분자로 나누어진다.
③ 모든 직분자는 회중의 대표자로서 회중의 선택으로 세움을 받았다. 교회는 전체 교회를 위한 정당한 의사표현을 하도록 선택된 직분자들, 목사들, 장로들의 회(會)에 의해 통치되며 관리된다.

Section 02 교회정치의 여러 형태

일반적으로 교회는 감독정치, 회중정치, 장로정치라는 세 가지 교회정치 형태 가운데 어느 하나에 속한다. 개혁교회라는 명칭은 1차적으로 교회행정 혹은 정치체제가 아니라 하나의 신학적 전통을 언급하는 표현이기 때문에, 개혁교회 전통에 속한 교회들도 그 중 하나의 정치제도를 채택해 왔다. 대부분의 개혁교회들은 그들 각각의 교회 역사를 통해 장로교적인 교회정치 제도를 채택해 왔지만, 교회가 처한 상황에 따라 회중교회 정치제도나 감독 정치제도를 채택한 교회도 있었다.

우선 감독제 정치형태란 로마 가톨릭교회, 성공회, 감리교회 등이 채택한 정치이며, 이러한 교회들은 교직의 지위와 직무에 있어서 계급상의 차별이 있다고 하는 원리를 주장하고 감독의 관할 하에 있는 교구제도를 갖고 있으며 교직과 신도의 구별을 강조한다.

침례교회에서 그 전형적인 특징을 볼 수 있는 회중제 정치형태는 교직 간의 어떠한 계급제도도 거부하며, 동시에 교회 회의의 위계제도에 대하여 반대한다. 곧 각 지교회의 독립을 주장하는 개교회주의를 채택하고 있으며, 지교회의 결정을 어떠한 상급회의의 판결에도 복종시키지 않고 교회의 회원에게 모든 교회 일을 결정할 수 있는 권한을 주는 제도다. 장로교 정치제도를 채택한 교회는 감독제 정치에 반대하여 교직의 지위 평등성을 주장하고 그 결과로써 감독의 관할 하에 있는 교구제도가 아닌 소교구제를 채택하며, 또한 회중제 정치에 반대하여 당회, 노회, 총회라고 하는 교회 회의의 위계성을 인정한다. 그러므로 장로정치제도는 개교회의 자율성을 중시하는 회중교회와 감독이 궁극적인 권위를 가지고 있는 감독교회 사이의 중도적 입장이라고 할 수 있다.

Section 03 장로교의 정치원리

칼뱅이 장로정치제도의 초석을 놓은 것은 사실이지만, 제네바교회의 장로직분은 신약성경시대의 초대교회의 장로들과는 그다지 유사하지 않았고, 현대의 장로직분과 같은 기능을 행사하지도 않았다. 또 그들은 오늘날의 장로들과는 달리 회중에 의해서가 아니라 제네바 시의회에 의해 선출되었다.

그러므로 장로정치제도는 교회질서 혹은 구조의 어떤 고정된 형식이 아니라 계속성과 다양성을 동시에 갖는 하나의 발전적인 형식을 말한다. 이는 장로교회가 각자의 새로운 상황에서 하나님의 말씀에 따라서 새롭게 고백하며 항상 개혁하는 교회라는 것을 말해준다. 장로정치제도는 어떤 획일적인 제도를 거부하면서 시대와 장소에 따라 다양하게 변화해 왔다. 예컨대, 장로직이 종신제냐 임기제냐 하는 것은 전적으로 어느 한 지역의 상황에 달려 있는 문제다. 또한 장로정치제도에는 두 개의 전혀 다른 발전모델이 있다. 미국 장로교회는 회중과 노회로부터 대회와 총회로 발전했지만 스코틀랜드 장로교회는 총회로부터 하향식으로 발전했다. 장로정치제도가 갖는 이런 특성 때문에, 교회질서의 어떤 한 형식을 장로교의 결정적이고 궁극적인 형식으로 지정할 수는 없다. 그러나 장로교회의 다양한 발전에도, 장로교회는 하나같이 장로정치제도의 고유한 특징을 대변하는 다음과 같은 몇 가지 기본 원리가 있다.

(1) 성경의 권위

장로교회는 장로정치제도가 성경에 근거하고 있다는 것을 지속적으로 강조해왔다. 어떤 사람들은 장로정치제도가 성경에 규정된 유일한 교회정치라고 주장하기도 했다. 하여간 공통적인 것은 모두가 성경의 권위에 호소해 왔다는 점이다. 칼뱅은 교회정치의 질서와 형태를 하나님이 정하셨다고 분명히 밝힌다. 칼뱅과 밀접한 관련이 있는 〈프랑스 신앙고백〉은 "참된 교회는 우리 주 예수 그리스도가 세우신 질서에 따라 통치되어야 한다"라고 선언한다. 그러나 칼뱅은 교회정치의 세부적인 모든 사항이 성경으로부터 직접 확립될 수 없다는 것을 인정했고, 그래서 성경에 대한 율법적인 순종을 주장하거나 초대교회를 맹목적으로 모방하려고 하지는 않았다. 그는 교회가 처한 시대의 형편에 따라 주님이 정하신 교회의 질서는 변화될 수 있으며, 따라서 교회는 교회의 덕을 세우는 일에 관심을 갖고 교회에 유리한 쪽으로 관습을 변경하거나 폐지하고 새로운 것을 제정해야 한다고 주장했다. 그리고 그는 다음처럼 교회의 새로운 질서를 제정하는 일에는 언제나 사랑을 척도로 삼아야 한다고 주장한다.

"무엇이 해가 되고 무엇이 덕이 되는 지는 사랑이 가장 잘 판단할 것이다. 사랑을 인도자로 삼으면 모든 일이 안전할 것이다." 〈기독교강요〉 Ⅳ.10.30

(2) 교회의 통일성

장로교회는 각 노회에서 동수로 파송한 총대목사와 총대장로로 구성되는 총회 조직을 통하여 교회의 연합과 일치를 이루고자 하다. 장로교회의 최고 치리회인 총회는 교단에 속한 각각의 노회들, 당회들, 및 개교회들의 통일성을 나타낸다.

대표를 통한 교회정치라는 장로교회의 근본원리는 칼뱅의 인간론에 그 뿌리를 두고 있다. 칼뱅은 한편 통치를 맡길 만큼 선한 사람은 없고,

다른 한편 대중은 교회생활에 필히 있어야 할 중대한 결정을 하기에는 자질이 부족하다고 보았다. 그는 1인 지배의 자만심과 독재를 경계했음은 물론 대중의 변덕스러움과 무질서도 경계했다. 그가 신학적 근거를 토대로 인정한 것은 국가와 교회에서 공히 자격을 갖춘 사람에 의해 실현되는 대의적 민주주의였다. 그는 어떤 결정이 개인이나 모든 사람이 아니라 특별한 자격 요건을 갖춘 것으로 인정되어 선출된 사람에 의해서 내려질 때, 하나님의 뜻이 가장 잘 이루어질 것이라고 본 것이다.

(3) 목사직의 동등성

장로정치제도의 또 하나의 주요 원리는 목사직의 동등성 원리다. 이 원리는 개혁교회 신앙고백서 곳곳에서 아주 분명히 표현되고 있다.

> "우리는 모든 참된 목사는 어떠한 곳에서든지 단 한 분의 지배자, 단 한 분의 군주, 전체 교회의 감독이신 예수 그리스도 아래서 동일한 권위와 평등한 능력을 갖는다고 믿는다. 따라서 어떠한 교회도 다른 교회에 대하여 어떤 권위를 내세우거나 지배할 수 없다." 〈프랑스 신앙고백서〉

> "교회 안에 있는 모든 교역자는 동일하고 동등한 권한 혹은 기능을 부여받았다. 확실히 고대 교회에서는 감독들이나 장로들이 교회를 함께 운영했다. 이 시대에는 아무도 다른 사람보다 높다고 생각하지 않았다. 그 어느 감독이나 장로도 다른 동료 감독이나 장로보다 더 큰 권한이나 권위를 행사하지 않았다." 〈제2헬베틱 신앙고백서〉

칼뱅은 면밀한 성경주석을 통하여 신약성경에 나오는 '감독', '장로', '목사', '교역자'라는 네 가지 직무들이 모두 같은 직무를 가리킨다는 사실을 발견했다. 예컨대, 성경은 말씀을 전하는 사람을 모두 '감독'이라고 부르며, 여러 구절에서 '감독'과 '장로'를 동일시한다(딛 1:5-7, 딤전 3:1 이하 참고). 사도행전에는 바울이 에베소 교회 장로를 불러 그에게 말한 기사가 있는데, 그는 그들을 '감독'이라고 부른다(행 20:17, 28). 이와 같이 칼뱅은 관련된 성구를 근거로 '감독'과 '장로'는 같은 직분이라는 장로교회제도의 근본 원칙을 주장한다. 칼뱅은 초대교회의 교회정치 발전에 대해서는 긍정적인 태도를 취했으며, 당대의 감독직에 대해서도 목회직의 기본적 동등권이 인정되는 범위 안에서 감독직을 반대하지 않았다.

(4) 목사의 청빙과 직분자의 선출권에 대한 교회의 자율성

장로정치제도의 또 다른 주된 원리는 교인들이 자기 교회의 목사를 청빙할 권리가 있다는 것이다. 칼뱅은 이렇게 말했다.

> "우리는 목사의 청빙이 하나님의 말씀을 따라 합법적이어야 함은 물론, 교인들의 동의와 승인을 얻어야 한다는 입장을 견지한다. 더욱이 청빙을 위한 선거는 다른 목사가 주관해야 한다. 그렇게 해야만 회중이 경박함과 악한 의도나 무질서 때문에 탈선하는 것을 막을 수 있다."
> 〈기독교강요〉 IV.3.15

칼뱅이 강조한 교인들의 목사 청빙권과 직분자들의 선출권은 그 당시의 상황 때문에 약화되었고, 이 권리는 스코틀랜드와 미국의 장로교인에 의해서 정착되었다. 노회의 감독 아래서 교인들이 자기 교회의 목사를 청빙하고 직분자들을 선출하는 권리를 최대한 보장한 것이다.

이러한 기본 원리는 한국 장로교회(기장)의 정치에서도 근간을 이루고 있다. 예를 들면 다음과 같다.

- 성경에 근거하는 교직과 치리권에 대한 강조
- 당회와 노회, 총회로 구성되는 상회조직을 통한 교회의 연합과 일치
- 예수 그리스도를 유일한 머리로 하는 교직의 동등성 원리
- 목사를 청빙하고 교회의 직원을 선출할 수 있는 권리 등

최상의 교회정치제도가 그리스도를 가장 잘 영화롭게 하며, 그리스도의 백성을 계발하여 세상에서 그리스도의 참된 증인과 봉사자로서 살아가게 하는 제도라고 할 때, 그러한 기본 원리을 바탕으로 하는 장로교의 정치제도는 그것에 가장 근접한 정치제도라고 할 수 있을 것이다. 왜냐하면 이 정치형태는 하나님의 주권, 그리스도가 교회의 머리되심, 말씀과 성례전을 통하여 교회를 이루어 가시는 성령에 대한 강조, 직분의 계급적 개념과 온갖 외형주의에 대한 반대, 신도 직분에 대한 신적인 소명, 성화의 교리에 의한 윤리적 강조(권징) 등을 통하여 성경의 가르침에 가장 충실한 정치제도라는 것을 보여주고 있기 때문이다.

제3부
장로의 직

9장
장로직의 성경적 이해

장로정치는 성경에 그 근원을 두고 있다. 구약성경에서 장로는 백성의 원로 혹은 대표로서 그 분명한 기능이 있었고, 신약성경에서는 주로 초대교회에서 장로라는 직분으로 존속되어 갔다.

Section 01 구약성경적 배경

장로제도는 족장제도와 관계가 밀접하다. 고대사회는 족장에 의하여 다스려졌고, 족장은 오랜 연륜과 경험을 토대로 하여 그가 다스리던 사회에 권세를 행사했다. 이러한 족장제도는 사회적인 변화와 함께 나이 든 원로에 의한 통치의 길을 열었다. 후에 족장정치는 사회적인 변화와 함께 장로정치로 발전되었다. 그래서 모세시대에 이스라엘 지도자에게 붙여진 명칭은 족장이 아니라 '손 위' 또는 '형', '나이든 장자' 또는 '나이든 사람'을 의미하는 가돌(gadol)과 자켄(zaqen)이라는 단어였는데 이것이 구약성경에서의 '장로'에 대한 어원이다.

장로는 가문이나 지파의 대표자였으며, 때론 그 지파에서 가장 뛰어난 사람을 가리키기도 했다. 출애굽 직전에 모세는 이스라엘의 장로에게 하나님의 구원계획을 설명해주었다(출 4:29). 이후 광야여행 중에 모세는 장로들의 의견을 많이 참조했다(민 16:25). 모세는 장인의 충고에 따라, 백성들 가운데서 자기를 도와 백성을 다스릴 '두목들'을 선출했으며(출 18:24-26), 후에는 자신의 과중한 재판 업무를 덜기 위해 하나님의 지시대로 70명의 장로를 선출했다. '장로'라는 단어는 구약성경에 119번이나 언급되어 있다.

장로제도는 이스라엘 공동체가 하나님의 언약 백성이 되면서 그들의 통치제도로 채택되었다. 장로들은 백성에 의해 공인으로 인정되었으며 명실상부한 백성의 대표자들이었다. 모세는 여호와의 명령을 받아 그 모든 말씀을 백성의 대표인 장로에게 진술했다(출 19:7). 장로들은 모세와 대제사장 아론과 제사장들과 함께 직무를 수행하고, 이스라엘 백성을 다스렸으며(레 9:1), 고라의 일당이 반역했을 때 치리했다.

모세는 가나안 땅 정복을 앞에 두고 송별사를 행하면서 장로에게 명했고(신 29:10), 사무엘 시대에 장로들은 백성을 대신하여 사무엘 선지에게 와서 왕을 세워줄 것을 요청했다(삼상 8:4-5). 장로들은 헤브론에서 백성을 대신하여 다윗을 이스라엘의 왕으로 세웠으며(삼하 5:31), 솔로몬은 이스라엘 온 백성을 대표하는 장로를 불러서 그들과 함께 성전을 봉헌했다(왕상 8:1). 이와 같이 이스라엘 백성들은 장로를 통하여 발언했고, 장로에 의하여 말한 것만을 백성에 의하여 주장된 것으로 간주했다(출 4:29, 수 24:1, 삼상 8:4).

장일선 교수는 구약성경에 나타난 장로의 기능과 역할을 다음처럼 다섯 가지로 설명하고 있다.

① 위기가 닥쳤을 때 위기를 극복하는 일이다. 장로는 이스라엘 전체 공동체를 이끌어가는 사회지도자로서 전쟁 시 앞서나가서 싸우는 전쟁 영웅들이었다.
② 장로들은 재판권을 행사했다. 억울한 사람들의 한을 풀어주고, 공동체 내의 정의를 실현하며, 모든 일이 하나님의 법대로 원만하게 이루어지도록 보살폈다.
③ 장로들은 예배에서도 중요한 역할을 했다. 모세가 하나님과 계약을 맺고자 시내산에 오를 때 오직 70인의 장로들만이 동행이 허락되었다(출 24:1-2). 다만 이들이 모세와 다른 점은 모세는 하나님에게 가까이 나아갈 수 있었고, 장로들은 거리를 두고 엎드려야만 했다.
④ 장로들은 정치적인 역할을 감당했다. 사무엘하 5장 3절에 의하면 장로들은 헤브론에서 다윗과 언약을 맺고 다윗에게 기름을 부어 그를 이스라엘 왕으로 삼았다.
⑤ 장로들은 충고하고 자문하는 일을 했다. 구약성경에는 '성문 앞'이라는 용어가 자주 등장한다. 이는 광장의 넓은 뜰을 의미하는데, 장로들은 이 성문 앞에 앉아서 고아와 나그네, 소외된 사람 그리고 억울한 사람들의 고민과 하소연을 들어주고 그들의 자문 역할을 감당했다.

이렇게 구약의 장로제도에서 장로는 종교적 직분이었지만 제사장과는 다른 이스라엘 공동체의 정치적 직분도 행했음을 알 수 있다. 장로가 정치적 기능을 가지면서도 종교적 직분이었던 것은 이스라엘 공동체가 가지는 정교일치의 특성 때문이었다.

포로시대에 접어들면서 성전예배가 불가능해지자, 백성들은 하나님의 말씀을 듣기 위해 회당을 중심으로 모였다. 회당에는 장로석이 따로 있었으며, 장로들은 회원들의 영입과 추방을 결정했다. 회당은 10가족이면 조직할 수 있었고, 회당운영을 위하여 3인의 장로가 있어야만 했다. 구약의 교회조직은 그 권세가 위에서 아래로 내려오는 하향적인 것이 아니라 아래에서 위로 올라가는 상향적이었다. 포로시대 이후, 이스라엘 백성의 최고 통치기관은 백성에 의해 선출된 산헤드린, 곧 장로회로 그 권위가 아래에서 위로 올라가는 체제였다. 이와같이 교회체제는 계급적인 구조가 아니라 평등과 자율을 중시하는 상향적 장로정치를 유지하고 있었다.

장로회의는 율법에 기초하여 판단하고, 그것을 결정할 때는 다수의 뜻을 따랐다. 그러나 인간이 결정할 수 없는 중요한 문제는 하나님의 직접적인 간섭에 맡겨 우림과 둠밈(제비뽑기)에 의하여 결정했다.

Section 02 신약성경적 배경

신약의 교회정치 원리는 장로에 의해 통치된 장로정치였다. 예루살렘에 흉년이 들어 안디옥 교회가 부조(扶助)하게 되었을 때, 안디옥 교회는 바나바와 사울을 통하여 예루살렘 교회의 장로에게 연보(捐補, 헌금)를 전달했다(행 11:3). 바울과 바나바는 소아시아의 이고니온과 루스드라 지역에 복음을 전한 후, 교회를 세우고 "각 교회에 장로를 택했다(행 14:23)." 그리고 할례 문제로 안디옥 교회 안에서 내분이 일어났을 때, 형제들은 예루살렘에 있는 사도들과 장로에게 이 문제를 해결하여 줄 것을 요청하여 예루살렘 총회가 열리게 되었다(행 15:2-6, 22-23).

바울 일행은 더베와 루스드라 지역을 전도하면서 예루살렘 총회에서 정한 장로들의 결정을 따라 가르쳤고, 바울은 가는 곳마다 장로를 세워 교회를 조직했다(행 20:17 이하). 위의 말씀을 감안해볼 때, 장로제도는 구약시대만이 아니라 신약시대의 제도이며, 유대인의 전통만이 아니라 이방인의 교회에서도 세워진 제도였음을 알 수 있다. 성경 속에 나타난 장로의 직무와 종류는 다음과 같다.

(1) 장로의 임무

구약시대는 문자 그대로 연장자로서 원로의 뜻을 가졌으나 신약시대는 연령보다는 신령한 지도자로서의 자격이 구비되어 있는 사람이어야 했다(딤전 3:1-7). 무엇보다 장로는 말씀으로 양들을 가르치는 일과 교회를 다스리는 직무를 감당해야만 했다. '말씀과 가르침에 수고하는(딤전 5:17)' 것과 '하나님이 자기 피로 사신 교회를 치게하는(행 20:28)' 일에 장로는 주력해야 했다. 여기서 "친다"는 말은 "꼴을 먹인다"는 뜻이다.

다음으로 장로에게는 교회를 다스리는 직무(딤전 5:17)와 심방하여 보살피는 직무(약 5:14)가 있다. 이 보살피며 감독(overseeing)하는 직무

때문에 성경에서 장로를 때로는 '감독'이라고 부르기도 했다. 사도행전 20장 17절에는 바울이 에베소 교회의 장로를 청했다고 했는데 장로를 감독이라고 부르고 있다. 신약성경에는 감독이란 낱말이 다섯 번 나오는데(벧전 2:4, 빌 1:1, 딤전 3:2, 딛 1:17, 행 20:28), 모두 감독과 장로가 동의어로 사용되고 있다.

(2) 장로의 종류

초대교회에서는 장로를 '가르치는 장로'와 '다스리는 장로'로 구분했다. 바울은 "잘 다스리는 장로들은 배나 존경할 자로 알되 말씀과 가르침에 수고하는 이들에게는 더욱 그리할 것이니라(딤전 5:17)"에서 '잘 다스리는 장로'와 '말씀을 가르치는 장로'의 구별을 분명히 한다. 물론 다스리는 장로는 치리장로이고, 말씀과 가르침에 수고하는 장로는 목사를 의미한다. 그리고 가르치는 장로는 목사와 교사로 나누어진다(행 13:1).

　가르치는 장로와 치리장로는 교회를 섬김에 있어서 그 역할이 다르다. 바울은 "형제들아 우리가 너희에게 구하나니 너희 가운데서 수고하고 주 안에서 너희를 다스리며 권하는 자들을 너희가 알고 저희 역사로 말미암아 사랑 안에서 가장 귀히 여기라(살전 5:12)"라고 했다. 또 "너희를 인도하는 자에게 순종하고 복종하라. 저희는 너희 영혼을 위하여 경성하기를 자기가 회계할 자인 것 같이 하느니라. 저희로 하여금 즐거움으로 이것을 하게하고 근심으로 하게 말라. 그렇지 않으면 너희에게 유익이 없느니라(히 13:17)"라고 했다. 이와 같이 성경은 장로를 귀하게 여기되 목사에 대하여 특별한 관심과 존경을 표할 것을 명했다.

(3) 장로의 선택

장로선택에 관해서 성경은 분명하게 언급하고 있지는 않다. 그러나 가룟 유다를 대신할 인물을 선택할 때 예루살렘 교회가 선거 방법을 사용한 것(행 1:15-16)이나 일곱 집사를 선택할 때 제자들이 선거 방법을 택한 것(행 6:3-6)을 본다면 장로들도 선거에 의존하여 선택했음이 분명하다. 사도행전 14장 23절에는 바울이 "각 교회에서 장로를 택했다"는 짤막한 표현이 있다. 여기에 쓰여진 택했다는 동사는 원어로 '케이로토네오'인데 그 뜻은 "손을 들어 선택했다"라는 것이다. 장로교회가 선거에 의하여 장로를 선택하는 공회적인 대의 정치를 택한 것은 바로 이런 성경적인 '모델'을 따르는 것이다. 장로교회가 뿌리내린 나라일수록 대의정치의 전망이 밝은 이유도 여기에 있다.

(4) 장로회 제도

바울이 밀레도에서 에베소 교회의 장로를 불렀을 때, 한 교회의 여러 장로가 아니라 에베소에 있는 여러 교회를 대표하여 온 여러 장로들이었다. 이렇게 하여 여러 교회를 대표하여 모인 장로들의 회집을 우리는 장로회 즉, 노회라고 부를 수 있다.

바울은 디모데에게 자기가 친히 안수한 사실을 상기시켰다(딤후 1:6). 그러나 또 다른 곳에서 바울은 그 안수식에 자기뿐 아니라 여러 장로가 함께 참여한 사실을 말했다. "꼭 장로의 회에서 안수받을 때(딤전 4:14)"라는 바울의 말에서 장로회가 조직되어 있음을 알 수 있다.

이 외에도 회중에 의한 자율적인 일꾼의 선택이나 지교회의 자율적인 예산 사용에 관한 일 즉, 안디옥 교회가 예루살렘 교회를 위하여 연보한 일이나, 마케도니아 교회가 바울을 위하여 선교비를 제공한 것을 고려해보면 초대교회는 철저하게 장로교회의 정치 원리인 평등, 자율, 연합이 실천되었음을 알 수 있다.

10장
장로의 직무, 자격, 교육과 훈련

Section 01 장로의 직무

한국 기독교장로회 헌법 제5장 장로 제29조에서는 '장로의 직무'를 이렇게 명시하고 있다.

> 장로는 교회의 택함을 받은 교인의 대표로서 목사와 함께 치리회원이 되어 교회의 행정과 권징을 관리하며 교회의 영적 사항을 살핀다. 교인 중 고난당하는 사람을 방문하여 그리스도의 말씀으로 위로하고, 교리를 오해하거나 도덕적 부패에 빠지는 교인이 없도록 권면하며 선도에 힘쓴다.

(1) 교인들의 대표

"장로는 교회의 택함을 받은 교인의 대표다." 장로회 정치란 지교회 교인들이 장로를 선택하여 당회를 조직하고 그 당회로 치리권을 행사하게 하는 주권이 교인에게 있는 민주적 대의 정치제도다. 담임목사의 치리권이 교인들과 노회로부터 이중적으로 치리권을 위임받았다면 장로는 교인들의 위임에 의거하여 치리권이 발생한다. 담임목사가 교회의 대표인 반면에 장로는 교인의 대표다. 기장 헌법 제31조 장로의 선출과 임기의 2항과 3항에서는 다음처럼 기록하고 있다.

2. 미조직 교회에서 당회를 조직하고자 하면 입교인 15인 이상이 있을 때 노회의 허락을 얻어 장로를 선출한다.
3. 장로의 증원은 입교인 20인에 1인 비례로 증원할 수 있다. 장로의 임기는 재임기간으로 한다.

그러나 장로들이 '교인들의 대표'란 표현은 매우 조심스러운 말이다. 물론 교회의 대표인 담임목사와 교인들의 대표인 장로와의 영역의 한계를 구분 짓는 좋은 표현이기도 하지만 늘 위험한 해석의 가능성을 가지고 있다. 즉, 자칫 잘못하면 목사는 손님이고 장로는 교인의 대표로서 해당 교회의 주인이라는 텃새의식을 가질 때 오류가 발생한다. 또 장로는 교인의 대표로서 교인들의 이익을 목사 앞에 대변하는 사람이 되는 경우도 위험한 해석이다.

(2) 치리자

장로는 목사와 함께 치리회원이 되어 교회의 행정과 권징을 관리하며 교회의 영적 사항을 살핀다.

고린도전서 12장 28절에는 "하나님이 교회 중에 몇을 세우셨으니 첫째는 사도요 둘째는 선지자요 셋째는 교사요 그 다음은 능력을 행하는 자요 그 다음은 병 고치는 은사와 서로 돕는 것과 다스리는 것과 각종 방언을 말하는 것이라"라고 했다. 로마서 12장 8절에도 "혹 위로하는 자면 위로하는 일로, 구제하는 자는 성실함으로, 다스리는 자는 부지런함으로, 긍휼을 베푸는 자는 즐거움으로 할 것이니라"라고 했다. 칼뱅은 로마서 12장과 고린도전서 12장의 '다스리는 자'를 교회 장로로 해석했고 여기서 '가르치는 장로'와 '다스리는 장로(치리하는 장로)'를 구별했으며 이와 같은 정신이 장로교회 헌법의 정신이 되었고 모범이 되었다.

장로는 택함을 받고 치리회원이 된다. 치리회는 당회, 노회, 총회며 치리회는 목사와 장로로 구성된다. 한국적인 사고방식은 치리를 책벌과 관계되는 징계권한과 연관시켜 설명하지만 성경에서 잘 다스린다는 것은 교인을 사랑하고 관심을 가지고 잘 돌아보는 것을 의미한다. 물론 여기에는 책벌과 징계도 포함된다.

초대교회에서 장로들은 사도를 대신하여 교회를 돌보았다. 사도들이 한 교회에 오래 머물 수 없었기 때문이다. 중세에서는 장로직이 사제에 의해 거의 말살되다시피 했으나 종교개혁 후 다시 장로직이 교회의 직분으로 회복되었다. 현대교회에서 치리장로는 목사와 협력하여 치리권을 행사한다.

그러나 장로들도 자신들의 치리하는 권위가 교인들로부터 위임받은 것이라는 사실을 한시도 잊어서는 안 된다. 그러므로 교인을 다스리고 치리할 때, 주장하는 자세로 교만하게 해서는 안 된다(벧전 5:3).

(3) 목회의 협력자

장로는 목사와 함께 치리한다. 장로의 직무는 목사와 협력하는 것으로 협력의 주체는 말씀증거의 직무를 전담 수행하는 목사고, 장로는 협력자가 되어야 한다. 한국교회에서 장로의 협력 여하가 교역의 성패를 좌우한다는 점에서 그 책임이 막중하다. 그러므로 장로제도는 결코 목사와 대결하거나 투쟁하기 위해 마련된 제도가 아니라 하나님의 교회를 좀 더 효율적으로 잘 섬기기 위한 협력의 제도다.

장로와 목사에게 동등하게 치리권이 주어지는 것은 어느 일방의 독주님을 막고 상호 협력과 견제, 조화를 통해 교회의 부패를 방지하고 건전하고 건강한 교회를 이룩하려는 데 목적이 있다.

모세는 자기를 도와줄 재덕을 겸비한 사람, 곧 하나님을 두려워하며 진실무망하며, 불의를 미워하는 사람을 택하여 자신을 돕도록 했다. 이들은 민수기와 출애굽기를 종합해보면 모세를 도와 협력하는 사람으로서의 장로라고 할 수 있다. 그 일의 하나는 치리와 재판에 관한 일이요, 다른 하나는 제사와 종교에 협조하는 일이었다. 이들의 직무는 어디까지나 종속적이었지 독립적으로 행사된 일은 거의 찾아볼수 없다. 모세시대와 사사시대, 왕정시대의 장로들은 정치와 종교의 협력자로서 직무를 감당했다.

초대교회에서도 장로는 협력자였다. 사도행전 15장 6절에 보면 "사도와 장로들이 이 일을 의논하러 모여"라는 말씀이 있다. 이것은 장로의 협력을 의미한다. 교회의 중요한 문제가 있을 때 언제나 사도들은 장로들과 함께 상의했다. 장로는 사도들이 중심이 된 사도교회의 협력자였다. 그러므로 장로는 목사를 돕는 것이 곧 하나님의 일임을 믿어야 한다. 장로는 구약시대나 사도시대, 개혁시대나 오늘에 이르기까지 직업적이거나 전문적일 필요는 없었다. 다시 말하면 목사는 사도적 직무를 계승하기 위해 노회의 파송을 받은 사람이지만 장로는 목사의 목회를 돕기 위한 협력자고 동역자로서 교인들로부터 선택되어진 것이다.

(4) 위로자

장로는 교인 중 고난당하는 사람을 방문하여 그리스도의 말씀으로 위로한다. 장로는 위로자의 직무가 있다. 즉, 교인 중에 고난당하는 사람을 심방하고 말씀으로 위로할 책임이 있다. 흔히 심방은 교역자가 하는 일이고 장로와는 아무 상관이 없는 것처럼 생각하는 경향이 있다. 그러나 교인의 실정을 알지 못하고서는 양무리를 잘 다스리거나 교리의 오해나 도덕상의 부패를 막을 수는 없다.

   장로는 부모의 심정으로 교인을 보살펴야 한다. 부모가 자녀를 사랑하듯 장로는 교인을 사랑하며 그리스도의 몸 된 교회의 한 지체로서 친밀한 관계를 가져야 한다. 때론 장로들은 교인들의 친구와 같은 마음으로 그들을 심방하고 상담하며 위로해주어야 한다. 바울은 한 사람이라도 더 얻으려고 자유인도 되고, 종도 되고, 약자도 되고, 강자도 되었다 (고전 9:19-23). 장로는 교인들의 사정을 알고 잘 인도하기 위해 교인의 사정을 이해할 줄 아는 친구가 되어야 한다.

특별히 헌법이 강조하는 장로의 직무는 많은 교인 중에서도 고난 당하는 사람을 우선적으로 심방하여 말씀으로 위로하고 기도하는 일이다. 야고보서 5장 14절에 "너희 중에 병든 자가 있느냐 저는 교회의 장로를 청할 것이요, 그들은 주의 이름으로 기름을 바르며 위하여 기도할지니라"라고 기록하고 있다. 장로는 아픈 사람과 슬픔 당한 사람을 우선적으로 돌보고 위로할 책임이 있다. 그러기에 장로는 기뻐하는 사람과 함께 기뻐하고 슬퍼하는 사람과 함께 슬퍼하는 지도자가 되어야 한다. 또한 그리스도가 낮아지신 것처럼(빌 2:5-8), 장로는 교회의 치리회의 회원으로서 교회의 중대 사안을 결정하기도 하지만 동시에 낮은 자리에 있는 교인들과 같이 자신을 낮추는 사람이 되어야 한다.

(5) 권면자

장로는 교리를 오해하거나 도덕적 부패에 빠지는 교인이 없도록 권면하며 선도에 힘써야 한다.

장로에게는 권면자의 직무가 있다. 장로는 교인들이 교리를 오해하거나 도덕적으로 부패하지 않도록 권면하고 선도해야 할 책임이 있다. 교인 중에는 이단으로 규정된 단체의 모임이나 성경공부에 참석하거나 불건전한 기독교 서적을 읽음으로써 스스로 오류에 빠지고, 같은 구역원이나 신도회의 회원에게 여기에 함께 참여할 것을 권하는 사례도 있다. 장로들은 교인의 대표임과 동시에 교인들의 영적인 건강을 늘 관심 가지고 돌보아야 한다.

또 장로는 교인의 도덕상 부패를 막을 직무도 있다. 이성 교제에서 발생하는 문제, 금전거래나 교회 내의 각종 계모임으로 인해 생기는 문제, 파벌이나 파당관계에서 오는 문제를 선도하고 경계해야 한다.

장로는 교인들이 교리를 오해하지 않도록 가르치며, 도덕상의 부패를 미리 예방하기 위해서는 무엇보다 장로 스스로가 먼저 신령해야 하며 지도력이 있어야 한다. 장로가 지도력이 없으면 무능해서 교인들의 잘못에 끌려가기 쉽고, 장로가 영적으로 바른 분별력을 가지지 않으면 교인을 도리어 그릇되게 인도하기 쉽다. 또 장로는 교인 중에 교리를 오해하거나 도덕상 부패를 막기 위해 권면했으나 회개하지 않는 사람이 있으면 당회에 보고하여 당회가 그 문제에 대하여 대책을 마련하도록 해야 할 것이다.

Section 02 장로의 자격

장로는 교인의 선택을 받은 교인의 대표로서, 목사와 협력하여 교회의 행정과 권징을 관리하는 사람이다. 교회 헌법 제30조에서는 장로의 자격을 다음처럼 규정하고 있다.

> 장로의 자격은 상당한 식견과 통솔 능력을 가진 남녀로서 디모데전서 3장 1~7절[4]에 해당하고 무흠입교인 5년을 경과한 사람이어야 한다.

---

4 디모데전서 3장 1~7절 말씀은 다음과 같다.
  1) 미쁘다 이 말이여, 곧 사람이 감독의 직분을 얻으려 함은 선한 일을 사모하는 것이라 함이로다

(1) 상당한 식견과 통솔의 능력이 있는 사람

장로는 목사와 협력하여 교회의 행정과 권징을 하며, 교인의 신령상 관계를 살펴야 할 직무가 있기 때문에 상당한 식견과 통솔의 능력이 있어야 한다. 그렇다고 학자나 지식인만이 장로가 될 수 있다는 말은 아니다. 장로라면 교인을 지도하며, 교회의 신령상 형편을 살필 정도의 식견은 있어야 한다. 그러므로 장로는 세상 학문도 있어야 하지만, 성경 지식도 풍부해야 한다. 장로야말로 상황에 대처할 수 있는 판단과 능력의 소유자여야 한다. 장로는 교인들이 교리를 오해하거나 도덕적으로 부패하지 않도록 권면하며 지도할 통솔력이 있어야 하는 동시에, 교인의 대표자고 많은 사람을 지도하는 지도자므로 사람을 이끌 수 있는 지도력이 있어야 한다.

지도력이란 무엇인가? 비전, 곧 꿈을 제시할 수 있는 깊은 통찰력이고 풍부한 상상력이다. 꿈이 없는 지도자에게는 발전이 없고 향상이 있을 수 없다. 장로는 각 교인에게 산재해 있는 능력을 하나의 목적을 위해 결속시키는 통솔력이 있어야 한다. 하나의 초점을 향해 집중시킬 수 있는 지도력이 필요하다. 여기에 있어서 통솔력은 자연히 권위의 성격을 띠게 된다. 참된 지도력은 합리적 권위고, 합리적 권위란 이성과 이해에 호소함으로써 사람들의 온갖 능력을 총동원할 수 있는 힘이다.

---

2) 그러므로 감독은 책망할 것이 없으며 한 아내의 남편이 되며 절제하며 신중하며 단정하며 나그네를 대접하며 가르치기를 잘하며
3) 술을 즐기지 아니하며 구타하지 아니하며 오직 관용하며 다투지 아니하며 돈을 사랑하지 아니하며
4) 자기 집을 잘 다스려 자녀들로 모든 공손함으로 복종하게 하는 자라야 할지며
5) (사람이 자기 집을 다스릴 줄 알지 못하면 어찌 하나님의 교회를 돌보리요)
6) 새로 입교한 자도 말지니 교만하여져서 마귀를 정죄하는 그 정죄에 빠질까 함이요
7) 또한 외인에게서도 선한 증거를 얻은 자라야 할지니 비방과 마귀의 올무에 빠질까 염려하라

(2) 무흠입교인(세례교인)으로 5년을 경과한 사람

무흠입교인으로 5년을 경과한 사람이란 세례받은 후 흠없이 5년을 경과했다는 뜻이다. "흠이 없다"는 말은 교회의 권징조례에 의해 징계를 받은 일이 없다는 뜻이다. "새로 입교한 자로 말지니 교만하여져서 마귀를 정죄하는 그 정죄에 빠질까 함이요(딤전 3:6)"라는 말씀에 근거하여 세례교인으로 5년이 지난 교인이어야 장로가 될 수 있다고 했다.

장로의 직책은 말과 생활로 교회의 본이 되어야 하고 교회의 행정과 권징을 해야 하기 때문에 세례교인으로서 상당한 기간 경험을 쌓은 사람이어야 감당할 수 있다는 것이다. 전입자는 1년 이상 신도로서의 의무를 모범적으로 이행한 사람이라야 선출될 수 있다(정치 31조 4항).

Section 03 장로 임직 예정자의 교육과 훈련

장로는 피택 후 6개월 이상 당회의 지도를 받고 노회의 고시에 합격하면 지교회에서 임직한다. 임직식의 예법은 별도로 정한다(정치 제5장 32조 장로의 임직).

장로로 피택된 사람은 6개월 이상 당회 지도 아래 교양과 훈련을 받은 후 노회가 시행하는 장로고시에 응시하여 합격해야 한다.

장로로 피택된 사람을 위하여 당회는 신앙과 생활, 그리고 성경, 헌법, 교회사, 교리와 신학사상, 일반 상식 등과 장로로서 갖추어야 할 모든 식견을 잘 지도해주어야 한다. 피택된 사람을 위해 온 교회가 위하여 기도하며, 그 가족에게도 장로직이 얼마나 귀중한 것임을 일러주어 장로 가정으로서 가져야 할 의무와 책임을 가르쳐주어야 한다. 특별히 매일 성경 읽는 일과 교회 봉사와 헌금하는 일에 더욱 교회에 본이 되도록 지도해야 한다.

노회에서 시행하는 장로고시 과목은 노회의 규칙에 따라 다소 다를 수 있으나 신앙요리문답, 성경일반, 구약성경, 신약성경, 헌법, 교회사, 교리와 신학사상, 교단 및 일반 상식이 있다. 그러므로 장로로 피택된 사람은 6개월 동안 고시 준비를 확실히 해야 합격할 수 있다.

지교회에서 장로로 선출되었어도 합격이 되지 못하면 장로 임직을 받을 수 없게 된다. 간혹 장로로 피택되었다고 해서 피택 장로라고 부르기 때문에 장로인 것같이 생각되기도 한다. 그러나 피택된 장로는 장로가 아니기 때문에 장로라고 부를 수는 없는 것이다.

Section 04 당회 운영에 대한 제언

당회는 담임목사와 장로로 구성된 교회의 최고 치리기관이다. 당회는 성례, 교적, 예배, 기관 지도, 제직분의 임명, 헌금의 정책 결정, 노회관계, 권징, 재정, 재산관리, 그리고 교회의 기능으로서의 선교, 교육, 친교, 봉사 등의 전체를 관장하는 기관이다. 당회가 포용력과 기동성을 가지게 되면 교회는 활성화되지만 그렇지 않고 경직화되면 교회는 정체현상을 벗어날 길이 없다.

그러므로 당회는 전 교회의 여론을 수렴하여 교회 전체가 하나님의 선교에 참여할 수 있도록 유도해야 할 것이다. 교회 갱신을 위하여 교인의 2/3 이상이나 되는 여신도와 교회 봉사의 기둥이 되는 젊은층을 장로 피택에 배려해야 한다.

(1) 목사와 장로의 관계

목사와 장로는 같이 하나님의 부름을 받았으나 목사는 "성도를 준비시켜서, 봉사의 일을 하게 하고, 그리스도의 몸을 세우기 위한 것(엡 4:12)"으로 교회에서 중요한 직분이고, 장로는 온 교회의 화해와 협조를 위해 부름을 받은 중요한 직분이다. 그러므로 성경은 다음처럼 밝히고 있다.

> 또 사역은 여러 가지나 모든 것을 모든 사람 가운데서 이루시는 하나님은 같으니 각 사람에게 성령을 나타내심은 유익하게 하려 하심이라 … 너희는 그리스도의 몸이요 지체의 각 부분이라(고전 12:6~7, 12:27)

서로 받은 은사를 연합하여 사용함으로 하나님의 교회가 그리스도의 몸으로서 그 기능을 해야 하는 것이다. 그러므로 목사와 장로는 서로 협력해서 교회 선교에 이바지해야 한다. 그런데 목사도 인간이기에 목사의 독주에 의해 교회가 파행적으로 운영되는 경우도 종종 생기게 된다. 장로제도는 목사의 독주를 방지하고 목사와 장로가 서로 협력해서 교회를 건강하게 발전시켜 나가기 위함이다.

장로는 목사를 견제하기 위한 직분이 아니다. 목사와 협력하고 목사가 실수를 했을 때는 건전한 덕(健德)을 위해서 감싸주고 조용히 충고해 줌으로써 하나님의 교회가 상처를 입지 않도록 해야 한다.

(2) 교회의 여론을 수렴하기 위한 당회의 배려

당회의 회원은 치리회로서 담임목사와 시무장로로 구성되기 때문에 교회 내의 2/3 이상이 되는 여신도나 청년층의 참여가 배제되어 있다. 다행히도 본 교단은 목사와 장로를 남녀 구별치 않고 임직하기 때문에 다르긴 하나, 아직도 여신도의 수에 비교하면 여성 장로수는 소수에 불과하고 여성 장로가 없는 교회가 대다수다. 그러므로 여성과 젊은이들의 신선한 아이디어와 열정이 지교회의 최고 기관인 당회에 반영될 수 있는 방안이 마련되어야 할 것이다.

그런 의미에서 여신도들과 청년 층에서 장로로 선출되도록 특별한 배려가 요청되며 본 교단 헌법의 테두리 안에서 교회 내의 여러 계층의 여론을 수렴하여 교회를 활성화시키며 온 교인을 선교동역자로 만드는 데 주력해야 할 것이다. 그래서 당회에 언권회원으로 여신도회와 청년회 대표를 참여시켜 나가는 방법과 기획위원회 같은 기구를 당회의 자문 기관으로 두는 것을 검토해 보아야 할 것이다.

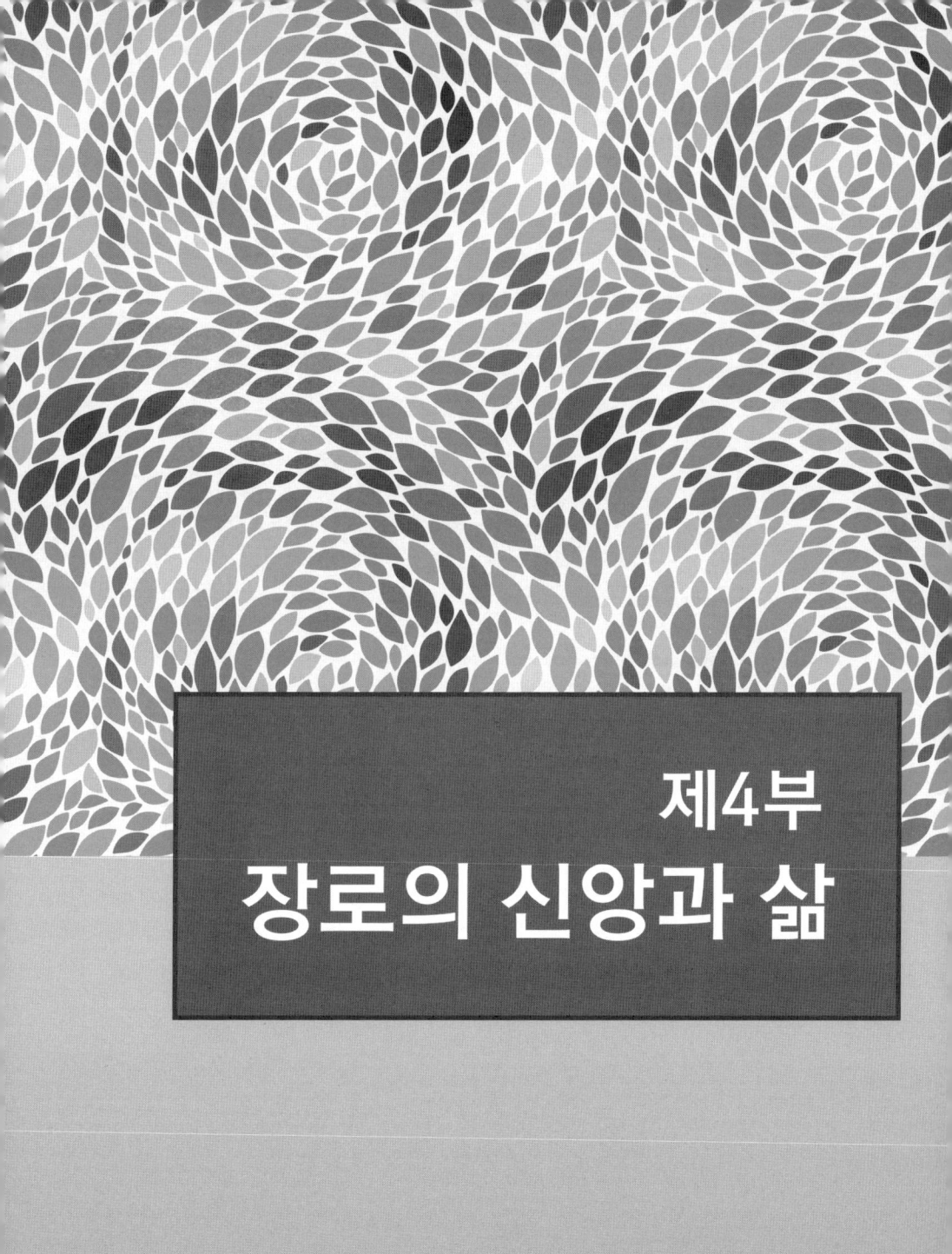

제4부
장로의 신앙과 삶

11장
장로의 신앙

Section 01 기본 신앙

마태복음 8장 10절에서 백부장의 탁월한 믿음에 대해 예수님이 기이히 여기셨다. 그러나 마가복음 6장 6절에는 예수님이 고향에 가셔서 권능을 행하고 아픈 사람을 고치셨지만 사람들이 믿지 않는 것을 보고 이상히 여기신 기록이 있다. 백부장은 이방인으로서 예수님을 메시아로 계시하고 있는 구약적 배경을 알지 못했음에도, 그 당시의 어떤 유대인보다 예수님의 인격과 본질에 대해 더 깊이 인식하고 있었다. 다시 말해서 예수님이 여태까지 만나본 유대인 중에 그 어느 누구도 말씀만으로도 병이 낫겠다고 고백한 사람은 없었던 것이다.

마태는 이 백부장의 위대한 신앙을 더욱 강조하고 있다. 교회의 장로가 되어서도 믿음 없는 사람이 되어 사사건건 반대 아닌 반대만 하고 안 된다는 말만 한다면, 이는 정말 교회를 돕는 사람이 아니거니와 교회 발전에 암적인 존재가 될 뿐이다. 안 된다는 것은 주님의 일을 방해하는 사탄의 상투적인 수단이기에, 된다는 편에 앞장서야 한다. 하다가 시행착오가 생기면 다시 하는 것이다. 의인은 일곱 번 넘어져도 여덟 번 일어난다는 말처럼 성경을 믿는 믿음이 필요하다.

열두 정탐꾼들이 가나안을 정탐하고 돌아와서 보고할 때에 부정적인 사람들의 보고와 긍정적인 사람들의 보고가 엇갈렸다. 부정적인 사고를 가지고 있는 사람들은 인간적인 생각만 했지만, 긍정적인 사람들은 사람은 할 수 없으나 하나님은 하실 수 있음을 믿는 사람들이었다. 그리하여 이긴다고 한 사람들의 믿음대로 승리했다.

하나님은 믿음으로 일하는 사람을 붙들고 일하신다는 것을 잊어서는 안 될 것이다. 다윗이 블레셋의 군대장관 골리앗을 이기는 것은 과학적으로나 이론적으로는 불가능했지만, 이기게 하시는 하나님의 힘으로 거뜬히 이겼다. 그러므로, 장로는 자기처지만 생각하여 회피하려고 일이 어렵다는 이유와 변명을 늘어놓아 큰일을 그르치는 불신앙적 행동은 하지 말아야 할 것이다.

적어도 장로는 백부장의 믿음 정도는 가지고 주의 일을 하려고 해야 할 것이다. 하나님은 일하라고 일꾼을 세우셨지 일을 방해하라고 세우시는 것은 절대로 아니라는 점을 깊이 생각해야 한다. 맡은 사람이 구할 것은 충성이라 했으니(고전 4:1-4) 믿음으로 충성해야 옳을 것이다.

어떤 교인이 믿음 없는 사람을 존경하며 충성하지 않는 사람을 존경하겠는가? 아무도 존경하지 않을 것이다. 그러므로 장로는 아무 것도 가진 것이 없어도 믿음만은 투철해야 한다. 그 이유는 믿음으로는 능치 못함이 없다고 주님이 말씀하셨기 때문이다(막 9:23). 앞장서서 끄는 사람이 믿음 없는 언행을 하면 끌려오는 사람들도 그 수준을 넘지 못하기 때문에 교회는 발전할 수 없다.

장로는 우상숭배와 탐심에 노예가 되어 물질을 우상시하는 배금주의를 반대해야 한다. 그리고 예수님이 싫어하시는 일을 하자고 할 때는 목숨을 내놓고 반대해야 한다. 기도하지 말자는 일이나, 예배드리지 말자는 일이나, 다른 신을 섬기는 일이면 목숨 걸고 반대해야 할 것이다. 무엇이나 믿음으로 행치 아니하면 죄가 된다(롬 14:23)고 했으니, 교회를 섬기며 존경받는 종인 장로는 범사에 오직 믿음으로만 사는 신앙을 가져야 할 것이다.

Section 02 섬기는 지도자로서의 신앙

일반적으로 세상의 지도자들은 돈과 지식과 권세만 있으면 많은 사람을 다스릴 수 있지만 교회 지도자들은 그와 다르다. 무엇보다 신앙심이 돈독해야 하고 영력이 충만해야 한다. 또한 모든 면에서 하나님의 마음에 맞아야 쓰임을 받을 수 있다. 그러면 섬기는 사람으로서의 신앙은 무엇이 우선되어야 할 것인가?

(1) 성령이 충만해야 한다

사도행전 6장 3절에서 "너희 가운데서 성령과 지혜가 충만하여 칭찬받는 사람 일곱을 택하라"라고 했다. 이 말씀은 주의 일을 하는 데는 무엇보다도 성령 충만이 먼저라는 말이다. 이는 교회에서 받는 직분은 세상에서 받는 직책과는 전혀 다르기 때문이다. 특히 장로는 하나님의 자녀을 지도하며 섬겨야 하기 때문에 성령이 충만한 사람이어야만 한다. 그 이유를 생각해보자.

첫째, 권능을 받아야 일하기 때문이다

사도행전 1장 8절에 "오직 성령이 너희에게 임하시면 너희가 권능을 받고 예루살렘과 온 유대와 사마리아와 땅 끝까지 이르러 내 증인이 되리라"라고 하셨다. 예수님을 믿고 복음을 전하는 일이나 교회에서 직분을 맡아 헌신하고 봉사하는 일에는 성령의 충만한 역사가 반드시 있어야 한다. 다시 말하면, 자기가 가지고 있는 육체의 힘, 지식의 힘, 물질의 힘만 가지고는 할 수 없고 하나님이 주시는 힘이 있어야만 하나님의 일을 할 수 있다는 것이다.

초대교회 사도들이나 그의 제자들이 주의 일을 하기 전에 모여서 성령의 충만한 역사가 나타나게 해 달라고 먼저 기도하는 모습을 볼 수 있다. "하나님의 권능과 뜻대로 이루려고 예정하고 그것을 행하려고 이성에 모였나이다 … 빌기를 다하매 모인 곳이 진동하더니 무리가 다 성령이 충만하여 담대히 하나님의 말씀을 전하니라(행 4:28-31)라고 했다.

초대교회 사도나 성도들이 복음을 전하기 전에 기도하면서 능력을 입혀 달라고 했다면 오늘의 교회직분자들도 이와 같이 기도해야 마땅하지 않겠는가? 장로가 구원받은 확신과 그 즐거움을 맛보고 자원하는 마음으로 주의 일을 하겠다고 할 때는 능동적으로 교회 일을 할 수 있지만, 그렇지 못하고 장로로 피택되는 과정이 지식과 권세와 물질 때문에 되었다면 그 결과는 엄청난 차이로 나타날 것이다. 그래서 성령의 충만함을 받은 사람이 주의 일꾼인 장로가 되어야 한다는 것이다.

둘째, 인도하심에 따라 일하기 때문이다

빌립보서 2장 13절에 보면 "너희 안에서 행하시는 이는 하나님이시니, 자기의 기쁜 뜻을 위하여 너희로 소원을 두고 행하게 하시나니"라고 했다. 이것은 성령의 도우심이 없이는 아무 일도 할 수 없다는 말이다. 바울 사도는 자신의 힘으로는 도저히 주의 일을 할 수 없고 주님이 능력 주셔야만 할 수 있다고 했다(빌 4:13). 일을 많이 해놓고도 자기가 한 것이 아니고, 자기와 함께 하신 하나님의 은혜라고 했다(고전 15:10).

이것은 목사나 장로에게는 더없이 귀감이 되는 말씀이다. 대개 사람들은 성령의 도우심으로 일을 하고도 자기의 힘으로 했다고 하면서 교만해진다. 그러나 성령님이 도와주셔서 일했다고 믿으며 모든 영광을 주님에게 돌리고 자신은 겸손히 낮아지는 자세야말로 주의 일꾼에게 절대로 필요하다.

이와 같이 성령이 충만한 사람들이 장로가 되어야 교회를 잘 이끌어 갈 수 있고, 성도에게 본이 될 수 있다. 또한 이처럼 성령이 충만한 사람은 자기의 뜻을 고집하지 않고 포기할 줄 알며 하나님의 뜻에 절대 순종한다(행 16:6-10).

셋째, 말씀대로 일하기 때문이다

고린도전서 4장 6절에 "기록된 말씀 밖에 넘어가지 말라"라고 하셨다. 성령이 충만한 사람은 하나님의 말씀을 절대로 무시하지 않고 귀하게 여기며, 내가 어떻게 충성할까만을 생각하지 않고 하나님이 어떻게 충성하라고 했는가를 우선 찾게 된다.

성령은 무엇이나 단독으로 역사할 수 있는 능력이 있지만, 말씀을 벗어나서는 절대로 행함이 없으시다. 그 이유는 성령이 말씀을 기록하셨기 때문이다.

다윗은 법궤를 다윗성으로 옮기겠다고 뜻을 세우고 옮기는 과정에서 말씀대로 하지 않고 자기 생각과 계획대로 하여 결국은 실패하고 웃사만 죽게 만들고 말았다(삼하 6:1-10). 주의 일을 할 때에는 말씀 안에서 충성해야 큰 역사가 일어나는 것이다(살전 2:13).

베드로 사도는 말하기를 "영생의 말씀이 주께 있사오니 우리가 누구에게로 가오리이까?(요 6:68)"라고 했다. 말씀따라 헌신과 봉사를 할 때만이 착하고 충성된 종이며 성령 충만한 종이 될 수 있다. 바울 사도도 이르기를 성령의 충만함을 받으라고 권고하며(엡 5:18) 그렇지 아니하면 그리스도의 사람이 아니라고 했다(롬 8:9).

장로는 이처럼 성령의 충만함을 받아 권능 있게 주의 말씀대로 일해야 한다. 성령의 충만함이 없이는 교회 일을 할 수 없다. 그렇다고 방언하고, 예언하고, 신유의 은사를 행하라는 말이 아니다. 잘못하면 광신도가 되어 교회를 망칠 수 있기 때문이다. 오직 교회를 사랑하고, 교회를 위하여 헌신하고, 봉사할 수 있는 성령의 충만함을 받으라는 것이다. 이것이 섬기는 지도자로서의 장로가 가지는 신앙의 으뜸 요소다.

(2) 지혜가 충만해야 한다

사도행전 6장 3절에서 "성령과 지혜가 충만하여"라고 했다. 이것은 장로는 또한 지혜가 충만해야 성도를 바로 섬길 수가 있다는 뜻이다. 지혜는 슬기고, 슬기는 사람의 이치를 밝히고 시비와 선악을 판별하는 능력이며 사람을 치리하는 재능을 말한다.

지혜는 두 가지가 있는데, 하나는 땅에서 얻는 경험의 지혜고, 다른 하나는 위로부터 내려오는 은사의 지혜가 그것이다. 그런데 땅에서 나는 지혜 하나만 가지고는 교회 일을 할 수 없다.

솔로몬은 통일 이스라엘 왕국의 제3대 왕이 되어 하나님에게 지혜를 달라고 간절히 기도했다(왕상 3:5-15). 그리하여 그는 근동지역과 애굽의 모든 사람보다 뛰어난 지혜를 받았다. 솔로몬이 지혜를 구한 것은 자신을 위해서가 아니라 나라와 민족을 위한 것이었다. 마찬가지로 장로들도 교회와 성도를 위해서는 먼저 지혜를 구해야 한다. 그 이유를 살펴보자.

첫째, 하나님을 두려워하면서 일하기 때문이다

잠언 9장 10절에 "여호와를 경외하는 것이 지혜의 근본이요"라고 했다. 하나님을 두려워하는 마음으로 생활하는 사람이 교회 일을 제대로 할 수 있다. 그러므로 장로는 누구보다도 하나님이 살아계심을 믿고 하나님을 두려워하는 신앙심에서 말과 행동을 삼가야 한다.

바울 사도는 말하기를 "그런즉 사랑하는 자들아 … 하나님을 두려워하는 가운데서 거룩함을 온전히 이루어 육과(도덕적) 영의(교리적) 온갖 더러운 것에서 자신을 깨끗이 하자(고후 7:1)"라고 했다. 이것은 하나님을 두려워하는 마음이 있어야 영육 간에 깨끗한 생활을 할 수 있다는 것이다. 장로는 지혜가 충만하여 하나님을 두렵게 생각하고 교회 일을 성실하게 해야 한다. 그러므로 지혜가 충만함이 장로의 신앙에서 절대 필요한 것이다.

둘째, 편벽과 거짓이 없게 일하기 때문이다

야고보서 3장 17~18절에 "오직 위로부터 난 지혜는 첫째 성결하고 다음에 화평하고, 관용하고, 양순하며 긍휼과 선한 열매가 가득하고 편벽과 거짓이 없나니 화평케 하는 자들은 화평으로 심어 의의 열매를 거두느니라"라고 했다. 지혜로운 사람은 한쪽으로만 치우치지 않고 공평하게 대하여 어느 한쪽의 원성도 사지 않는다. 주님의 일꾼된 장로가 성도를 대하는데 어느 한쪽으로 치우쳐서 차별대우를 할 때에 문제가 생긴다.

야고보서 기자는 "사람을 외모로 취하지 말라… 하나님이 세상에 대하여 가난한 자를 택하사 믿음에 부요하게 하시고 또 자기를 사랑하는 자에게 약속하신 나라를 유업으로 받게 아니하셨느냐. 너희는 도리어 가난한 자를 괄시했도다(약 2:1-6)"라고 하며 한쪽으로 치우치는 것의 잘못을 지적하고 있다.

그러므로 주의 종들은 지혜가 충만하여 마음이 깨끗하고 생활이 덕스러워야함도 중요하지만 사람을 차별하지 말아야 한다. 그래야 양심껏 깨끗한 생활을 할 수 있는 것이다. 그렇기 때문에 교회를 이끌어 나가는 장로는 목사와 함께 지혜가 충만해야 한다.

셋째, 장래를 위해 일하기 때문이다

예수 그리스도는 현실만 생각하고 장래를 생각하지 않는 사람을 기뻐하지 않으신다. 지혜로운 사람은 현실의 생활을 장래와 연관을 지으며 살아간다. 참으로 지혜로운 장로는 현재에 받는 칭찬과 상급에 관심을 두지 않고 후에 주님이 주시는 상급과 칭찬을 기대한다. 현재의 고난은 장차 영광과 족히 비교할 수 없다(롬 8:18)고 생각하며 현재의 고난과 괴로움을 참고 일해야 한다. 바울 사도는 현실에서 많은 수고를 했으나 결과는 매 맞음과 굶주림과 헐벗음 등 수많은 고난뿐이었다. 그럼에도, 그는 교회만을 생각하며 염려하고 있었다(고후 11:23-28). 그러므로 장로는 현재만 생각하고 경솔하게 처신하지 말고 장래를 위해 지혜롭게 일해야 한다. 야고보서는 "너희 중에 누구든지 지혜가 부족하거든 모든 사람에게 후히 주시고 꾸짖지 아니하시는 하나님께 구하라 그리하면 주시리라(약 1:5)"라고 했다. 장로는 지혜를 달라고 많은 기도를 드린 솔로몬처럼 기도해야 할 것이다. 지혜 없는 장로는 그 직분을 감당할 수 없기 때문이다.

(3) 주님을 사랑해야 한다

요한복음 21장 15절에 보면 "예수께서 시몬 베드로에게 이르시되 요한의 아들 시몬아 네가 이 사람들보다 나를 더 사랑하느냐 하시니 가로되 주여 그러하외다. 내가 주님을 사랑하는 줄 주님이 아시나이다. 가라사대 내 어린양을 먹이라"라고 했다.

　예수 그리스도가 베드로에게 사명을 주시며 그에게 요구한 것은 학력과 건강과 재산과 인물이 아니었다. 예수 그리스도를 사랑하느냐는 물음을 거듭 세 번이나 묻고 요구하셨던 것이다. 장로는 예수님을 지극히 사랑하지 않고서는 그의 양을 사랑할 수 없고, 또한 주의 교회를 섬길 수 없다. 그럼 왜 주님를 사랑해야 하는지 알아보자.

첫째, 계명을 지키며 일하기 때문이다

요한복음 14장 15절에 "너희가 나를 사랑하면 나의 계명을 지키리라"라고 하셨다. 이것은 주님을 사랑하면 주의 계명을 억지로 지키지 아니하고 자원하여 지킨다는 뜻이다. 주님을 사랑하는 사람은 사랑의 계명을 지키는데, 위로 하나님을 사랑하고 아래로 사람을 사랑한다. 이 두 계명은 온 율법과 선지자의 강령이다(마 22:39-40).

그러므로 장로는 무엇보다도 하나님을 사랑하는 것처럼 성도를 사랑할 줄 알아야 제대로 직분을 감당할 수 있다. 만일 사랑이 없으면 양을 사랑할 수도 없고 사랑이 없는 장로에게는 양이 따르지도 않거니와 도로 도망친다. 어떤 장로는 성도들의 사랑은 목사나 받고 장로는 교회를 위해 악역을 해야 한다고 하는 사람도 있다. 그러나 그런 주장은 전혀 맞지 않다. 장로직을 감당하고도 자신은 하늘의 상급을 버리고 멸망으로 가겠다는 뜻인가? 계명을 지키며 사랑해야 한다.

둘째, 순교를 각오하고 일하기 때문이다

요한복음 21장 18~19절에 "네가 젊어서는 스스로 띠 띠고 원하는 곳으로 다녔거니와 늙어서는 네 팔을 벌리리니 남이 네게 띠 띠우고 원하지 아니하는 곳으로 데려가리라"라고 하셨다. 이는 주님을 사랑하는 사람이 아니면 상상도 할 수 없는 일이다. 주님을 사랑하는 장로는 예수 그리스도의 죽음을 본받아야 한다.

장로가 주님을 얼마나 사랑하느냐의 여부에 따라서 희생 여부가 좌우되는 것이다. 교회와 성도를 위하여 밀알과 같이 죽어야 하고 소금과 같이 녹아져 희생해야만 한다. 장로가 주님을 위하여 죽을 각오가 없이는 주의 직분을 제대로 감당할 수 없음을 깨달아야 한다. 주의 일을 하다보면 때로는 매 맞고 욕먹고 굶주리며 헐벗을 때도 있다. 그러므로 먼저 주님을 사랑하는 마음이 있어야 이러한 희생도 각오하고 충성할 수 있는 것이다.

셋째, 주만 바라보며 일하기 때문이다

예수 그리스도를 사랑하게 되면, 다른 사람을 염려하며 자기가 맡은 일에 충성하게 된다. 그러나 장로는 다른 사람은 바라보지 말고 주만 바라보며 자기가 할 일만 묵묵히 해나가야 한다. 히브리서 12장 2절에 "믿음의 주요 또 온전하게 하시는 이인 예수를 바라보자 그는 그 앞에 있는 기쁨을 위하여 십자가를 참으사 부끄러움을 개의치 아니하시더니 하나님 보좌 우편에 앉으셨느니라"라고 했다. 진실로 예수 그리스도만 바라보아야 낙심치 않고 일할 수 있지, 사람을 바라보며 살자면 낙심하지 않을 수 없을 것이다. 그러므로 장로는 예수 그리스도만 바라보고, 그의 일만 할 수 있어야 한다. 그래서 예수님을 사랑하는 마음이 무엇보다도 우선되어야 한다는 것이다.

Section 03 치리자로서의 신앙

(1) 직분을 귀하게 여겨야 한다

로마서 11장 13절에 "내가 이방인의 사도인 만큼 내 직분을 영광스럽게 여기노니"라고 했다. 이것은 바울 사도가 개종하여 예수 그리스도의 사도가 된 것을 영광스럽게 여기며 감사하게 여긴 모습이다. 바울 사도는 주님의 직분 자체를 영광스럽게 생각했다. 사람은 누구나 자기가 맡은 일을 귀하게 여기지 않으면 그 일을 해낼 수가 없는 법이다. 언제나 자기가 맡은 일에 긍지와 보람을 가질 때 능률이 올라가고 좋은 결과를 가져오는 것은 당연하다. 그럼 왜 장로는 직분을 귀하게 여겨야 하는가?

첫째, 영의 직분이기 때문이다

고린도후서 3장 8~9절에 "영의 직분은 더욱 영광이 있지 아니하겠느냐 정죄의 직분도 영광이 있은즉 의의 직분은 영광이 더욱 넘치리라"라고 했다. 구약에서 모세가 십계명을 받아 백성에게 전달해 줄 때 그 얼굴에 빛이 나는 영광스러움을 입었는데, 신약에서 받은 복음사역에 종사하는 직분은 더욱 영광스러운 직분임을 밝히고 있다. 율법은 저주님을 선포하지만, 복음은 구원을 선포하기 때문에 영광스러운 것이다(롬 1:16). 그러므로 영혼을 구원하는 귀한 영의 직분을 잘 감당해야 할 것이다.

둘째, 하나님 나라에서 상급 받는 직분이기 때문이다

요한계시록 2장 10절에 "죽도록 충성하라 그리하면 내가 생명의 면류

관을 네게 주리라"라고 했다. 영의 직분을 잘 감당하는 사람은 세상에서도 상급을 받지만 하나님 나라에서는 더욱 큰 상급을 받을 수 있다는 것이다. 예수 그리스도가 "보라 내가 속히 오리니 내가 줄 상이 내게 있어 각 사람에게 그가 행한 대로 갚아 주리라(계 22:12)"라고 하신 말씀을 보아도 알 수 있다.

주의 일에 충성한 사람에게 주님이 "착하고 충성된 종아, 네가 작은 일에 충성했으매 내가 많은 것으로 네게 맡기리니 네 주인의 즐거움에 참예 할지어다(마 25:21-23)"라고 한 사실을 깨달은 바울 사도는 "현재의 고난은 장차 우리에게 나타날 영광과 비교할 수 없도다(롬 8:18)"라고 했다. 그러므로 장로는 하나님 나라의 상급을 바라보고 현실에서 죽도록 충성해야 할 것이다.

셋째, 주님에게 위로받는 직분이기 때문이다

고린도후서 7장 5~6절에 "사방으로 환난을 당하여 밖으로는 다툼이요 안으로는 두려움이었노라 그러나 낙심한 자들을 위로하시는 하나님이 디도가 옴으로 우리를 위로하셨으니"라고 했다. 이것은 주의 종들이 맡은 일에 충성하면 물질, 건강, 신령한 은혜와 복을 받는다는 말이다. 그렇게 될 때에 큰 위로가 되는 것은 물론이다. 하지만 주의 일을 하면서 사람에게 위로를 기대하면 실망하고 주님에게 위로를 기대하면 용기가 생긴다. 그 이유는 하나님의 영이 함께 하시기 때문이다.

하나님의 영이 우리와 함께 하신다면 그 얼마나 위로가 되겠는가? 요한 사도가 주님을 위하여 헌신하고 충성했지만 세상에서는 고난의 연속이었다. 그러나 하나님이 그를 천국으로 이끌어 올려 아름다운 광경과 주의 위로의 말씀을 들려주니 그는 큰 위로를 받아 더욱 주의 재림이 기다려져서 "아멘, 주 예수여, 오시옵소서(계 22:20)"라고 했다. 주님이 주신 귀한 직분은 천사들도 흠모할만한 귀한 직분임을 명심하고 열심히 일하여 현실에서는 주의 크신 위로와 상급을 받고, 내세에는 칭찬과 영원한 영생복락을 상급으로 받아야 할 것이다. 만약에 주의 직분을 귀하게 여기지 않으면 한 달란트 받은 사람이 받는 처벌을 면치 못할 것을 잊어서는 안 된다(마 25:24-30).

(2) 물질에 청렴결백해야 한다

디모데전서 3장 3절에 "돈을 사랑치 아니하며"라고 했다. 이는 돈을 사랑하는 사람은 신령한 일에는 관심이 없어지기 때문에 영적인 지도자가 될 수 없다는 뜻이다. 세상에 모든 사람이 돈을 좋아한다. 그러나 장로가 돈을 너무 좋아하면 영적인 지도자로서 영력을 상실함과 아울러 큰 문제가 생길 수 있다.

사무엘 제사장은 지도자로서 공석에서 다음처럼 말했다.

> 내가 여기 있나니 여호와 앞과 그의 기름 부음을 받은 자 앞에서 내게 대하여 증언하라 내가 누구의 소를 빼앗았느냐 누구의 나귀를 빼앗았느냐 누구를 속였느냐 누구를 압제하였느냐 내 눈을 흐리게 하는 뇌물을 누구의 손에서 받았느냐 그리하였으면 내가 그것을 너희에게 갚으리라 하니 그들이 이르되 당신이 우리를 속이지 아니하였고 압제하지 아니하였고 누구의 손에서든지 아무것도 빼앗은 것이 없나이다 하니라 사무엘이 백

성에게 이르되 너희가 내 손에서 아무것도 찾아낸 것이 없음을 여호와께서 너희에게 대하여 증언하시며 그의 기름 부음을 받은 자도 오늘 증언하느니라 하니 그들이 이르되 그가 증언하시나이다 하니라(삼상 12:3-5)

이는 사무엘이 물질에 대해서 청렴결백했다는 삶의 일면을 우리에게 암시해 주고 있다. 이 얼마나 훌륭한 지도자의 삶인가!

(3) 명예에 대한 욕심이 없어야 한다

고린도후서 4장 5절에 "우리는 우리를 전파하는 것이 아니라 오직 그리스도 예수의 주 되신 것과 또 예수를 위하여 우리가 너희의 종 된 것을 전파함이라"라고 했다. 이것은 바울 사도가 사도된 것은 사도 자체를 자랑함이 아니고 예수 그리스도가 구주가 되심을 전하기 위함이고, 성도들의 종 된 것을 전하기 위함이라는 것이다. 다시 말하면 장로 된 명예를 자랑함이 아니고 그리스도를 전하며 성도들의 종된 것을 전하는 직분이라는 것과 같다.

진실로 장로직은 명예직이나 권세직이 아니다. 만약에 교회직분을 명예나 권세로 착각한다면 그 결과는 엄청난 비극을 초래할 것이다. 사실 교회 안에는 무슨 위원장 혹은 부장 자리도 서로 차지하려고 하는 경우를 본다. 주님의 일꾼에게 최고의 명예가 있다면, 그것은 하나님이 함께 하는 사람이라는 말을 듣는 것뿐이다. "세상의 명예는 곧 썩는다(잠 10:7)"라고 했기 때문이다.

교회 안에서 장로의 직분을 명예나 권세나 계급으로 생각하는 것은 근본적으로 잘못이다. 마태복음 20장 20~23절에 나오는 야고보와 요한의 어머니는 하늘에서도 상하의 계급이 있어서 윗사람이 아랫사람을 부리고 행세하는 것으로 잘못 알고 있었다. 그 같은 생각으로 표현한 사건이 제자들 간의 화합을 크게 저해하여 서로 분히 여겼다고 했다. 그리하여 예수님은 자리다툼으로 인한 불행을 사전에 봉쇄하시려고 "크고자 하는 사람은 너희 종이 되어야 한다(마 20:16)"라고 예방의 말씀을 하신 것이다. 만약에 그렇게 하지 않았으면 서로가 높은 자리에 앉으려고 시기하고 질투하며 분쟁하여 제자들 간에 화합을 도모하지 못하고 결국은 분열되어 복음 사업에 큰 차질을 초래했을 수도 있었을 것이다.

그런데 오늘날 많은 사람이 자기가 아니면 안 되는 줄 알고 높은 지위를 차지하려고 수단과 방법을 가리지 않고 몸부림치고 있다. 즉, 신앙양심에 어긋나는 일도 서슴치 않고 경쟁상대의 인신을 공격하며, 나아가서는 비신앙적이고 비인격적인 행동까지 스스럼없이 행하고 있는 것을 볼 수 있다.

이 모두가 강력한 명예욕에서 빚어진 추태이다. 우리 교단과 한국 교회의 장래가 이러한 사람에게 맡겨진다면 장래의 모습은 불을 보듯 뻔한 일이다. 그러기에 세례자 요한이 "그는 흥하여야 하겠고 나는 쇠하여야 하리라(요 3:30)"라고 말한 것처럼 명예욕이 없는 장로가 되어야 한국교회의 장래가 밝아질 것이다. 그러므로 헛된 영광을 위하여 타락한 사람들이 되지 말고, 명예를 버리고 하나님에게 인정받는 참된 장로의 신앙을 가지도록 노력해야 할 것이다.

12장
장로의 섬기는 삶

디모데전서 5장 17절의 "잘 다스리는 장로들은 배나 존경할 자로 알되 말씀과 가르침에 수고하는 이들에게는 더욱 그리할 것이니라"라고 함은 가르치는 장로와 치리하는 장로를 구별하는 것이다.

   가르치는 장로를 '목사'라 하고 치리하는 장로를 '치리장로'라고 한다. 목사는 노회에서 임직하며 노회 소속이고, 치리장로는 지교회에서 임직하며 그의 소속은 당회다. 목사는 노회를 대신하는 사람이고, 장로는 교회 교인을 대표하는 사람인 것이다. 그러므로 장로는 교회 치리회에서는 목사와 동등하게 치리할 권한이 있는가 하면, 반면에 목사가 하는 일을 장로는 하지 못할 수도 있다. 여기서 목사와 장로의 직이 구별되는데도, 운영의 묘를 살리지 못하여 혼란을 초래하는 교회가 적지 않다. 그러면 장로의 섬기는 삶이 무엇인지 생각해보자.

Section 01 장로와 덕

하나님의 은혜는 "자기의 영광과 덕으로써 우리를 부르신 이를 앎으로 말미암음"이라 했다(벧후 1:3). 그 이유는 그리스도는 자신의 영광과 덕을 통해서 사람을 변화시키며 회개하도록 역사하시기 때문이다. 모든 섬기는 사람의 삶은 믿음과 덕이 없이는 제대로 이룰 수 없다. 그래서 베드로 사도는 말하기를 "그러므로 너희가 더욱 힘써 너희 믿음에 덕을, 덕에 지식을 더하라"라고 했다(벧후 1:5).

성도들은 누구나 신의 성품에 참여한 사람들인데(벧후 1:4) 덕이 없어서는 무엇이든 섬기기가 어렵다. 믿음에 덕을, 덕에 지식을 더하라고 한 것은 믿음은 전적인 하나님의 선물로서(엡 2:8-9) 하나님의 은혜에 대한 응답이기 때문이다. 따라서 이 믿음은 그리스도인의 삶의 밑바탕이 된다. 성경은 이러한 믿음에 덕을 공급하라고 한다. 이는 그리스도인들이 그리스도를 닮음으로 도덕적 탁월성을 간직할 수 있음을 시사한다.

구속받은 성도들이나 직분을 맡은 장로는 하나님의 아름다운 덕을 알려야 하는데 그 덕을 알리는 데는 말이 아니고 몸소 실천해야 한다. 그래서 장로는 교회 안에서 덕을 세우고 그 덕을 통해서 예수님을 알려야 한다는 것이다. 예배드리는 데도 장로는 덕을 중시해서 몸가짐과 언행일체를 많은 성도 앞에 덕이 되게 해야 하며 매사에 교회를 생각하고 살아야 할 것이다. 교회 안에서 뿐만 아니고 교회 밖에서도 덕을 세우는 데 신경을 써야 한다. 그러므로 장로직분이 쉽지 않은 직분이며 중직(重職)이라고 하는 것이다.

덕이 있으면 매사에 교회 부흥에 도움이 되지만, 부덕하여 사회에서

나 이웃에게 욕을 먹으면, 그 귀중한 장로직분은 물론이고 하나님의 이름을 욕되게 한다는 것을 알고, 덕을 세우는 일에 최선을 다해야 할 것이다.

Section 02 덕을 세우는 교회봉사 생활

(1) 목사와 협력하는 사람이다

민수기 11장에 보면 모세의 책임이 심히 중하여 혼자서는 모든 백성의 짐을 질 수 없다고 기도한다. 여호와 하나님이 그 기도를 들으시고, 모세를 도와 일할 만한 백성의 장로 70인을 뽑아 모세와 함께 백성의 짐을 담당하게 하신다. 그리고 모세에게 임한 영을 그에게도 임하게 하신다. 하나님은 언제나 돕는 사람을 만들어 주신다.

아담에게도 돕는 배필을 만들어 주셨고(창 2:18), 모세에게도 돕는 사람으로 형 아론을 주셨으며(출 4:14-16), 엘리야에게도 돕는 사람으로 엘리사를 주셨고(왕상 19:19-21), 열두 사도를 돕기 위하여 70인의 돕는 사람을 주셨다. 그리고 바울 사도에게도 많은 돕는 사람을 주셨다. 마찬가지로 교회 일은 목사 혼자서는 다 할 수 없기 때문에 치리장로를 선택하여 협력자로서 함께 일하게 하시는 것이다. 협력하여 선을 이루게 하시는 하나님의 사랑의 원리다. 그러면 장로는 목사와 어떻게 협력해야 하는가?

첫째, 기도로 협력해야 한다

에베소서 6장 18~19절에 "모든 기도와 간구를 하되 항상 성령 안에서 기도하고 이를 위하여 깨어 구하기를 항상 힘쓰며 여러 성도를 위하여 구하라 또 나를 위하여 구할 것은 내게 말씀을 주사 나로 입을 열어 복음의 비밀을 담대히 알리게 하옵소서 할 것이니"라고 했다. 그러므로 장로들은 목사가 하나님의 말씀을 잘 전하고 영적 싸움에서 승리할 수 있도록 모든 면에서 기도로써 협력하는 사람이 되어야 한다.

목사를 위해 기도할 때에 경제적 안정됨과 건강에 지장이 없고, 자녀들의 교육 등의 문제가 없게 해 달라고 기도해야 한다. 이보다 더 중요한 것은 신령한 목사는 초라하고 궁핍하게 살아야 된다는 선입견을 버리고, 목사의 생활만큼은 염려하지 않고 목회에만 전념할 수 있도록 여건을 마련해야 한다. 이와 같은 일은 장로의 입장에서 협력하지 않으면 불가능하다.

히브리서에서는 "그들로 하여금 즐거움으로 이것을 하게 하고 근심으로 하게 하지 말라 그렇지 않으면 너희에게 유익이 없느니라(히 13:17b)"라고 권고한다. 바울 사도의 "곡식을 밟아 떠는 소의 입에 망을 씌우지 말라 하였고 또 일꾼이 그 삯을 받는 것은 마땅하다 하였느니라(딤전 5:18)"라는 권고와 "가르침을 받는 자는 말씀을 가르치는 자와 모든 좋은 것을 함께 하라(갈 6:6)"라는 등의 권고를 상고하여 제직과 성도를 이해시켜야 한다. 그러므로 장로는 목사에게 기도로써 협력하고 물질과 모든 면에서도 협력해야 한다. 그렇게 될 때 목사가 마음 놓고 기도하고 말씀 전하는 일에만 전념할 수 있기 때문이다.

둘째, 심방하는 일에 협력한다

장로는 교인을 심방해야 할 헌법적 의무가 있다. 그러나 많은 장로가 이 헌법적 의무를 목사에게만 맡기고 있는 현실이다. 목사의 심방은 성도들이 어떤 형편에 있는지를 알고 말씀으로 권면하고 기도로 하나님에게 고하는 일이다. 이런 심방에는 장로의 협조가 필요하다. 심방하는 일에 장로가 돕는 역할을 할 수 있기 때문이다.

그런데 무엇 때문에 장로는 목사가 심방하는 일을 도와야 하는가? 결론적으로 말한다면 목사를 도와 양떼를 같이 돌보고 다스려야 하기 때문이다. 장로에게는 목사와 함께 성도들의 신앙형편과 가정형편이 어떤지를 알아야 할 필요성과 의무가 있다. 이를 충실히 함으로 성도를 다스리는 데 큰 도움이 되고 그에 따르는 효과 또한 풍성하기 때문이다. 목회자를 돕는 심방으로 얻는 효과란 성도와 목회자 간에 더욱 좋은 관계가 되는 것이고, 목회자에게 상처받은 성도가 있다든지 오해한 성도가 있을 때에는 장로가 심방하여 중재자의 위치에서 오해를 풀어주고 이해시켜서 교회 평안에 한 몫을 담당해야 한다. 그리고 환우를 심방하는 일, 교회법을 알지 못하는 성도에게 법을 가르치는 일, 초상집이나 잔칫집에 가서 형편에 따라 위로와 축하하는 일, 죄지은 사람을 권면하고 가난한 사람을 구제하며 낙심한 사람을 힘을 얻게 하는 일 등이 있다. 이와 같은 일을 솔선해서 할 때에 목회자를 크게 돕는 것이고, 또 그 심방으로 인해 교회는 날마다 부흥발전을 거듭하게 될 것이다.

셋째, 대변하는 일에 협력한다

출애굽기 4장 15~16절에 "너는 그에게 말하고 그의 입에 할 말을 주라 내가 네 입과 그의 입에 함께 있어서 너희들이 행할 일을 가르치리라"라는 말씀은 하나님이 아론을 통해서 모세를 대변케 함으로 돕겠다는 것이다. 교회 일은 목사 혼자만 할 수 있는 성질의 것이 아니다. 모든 사람이 협력해야 된다. 장로는 목사를 중심으로 교회를 위하여 존재하기 때문에 목사의 대변자가 되어 주어야 한다. 때로는 목사가 말을 할 수 없는 난처한 형편에 처할 때가 있다. 그런 때에 목사의 대변자가 되어서 모든 문제를 풀어줄 때 목사로서는 한결 편안하게 목회에 최선을 다하게 될 것이다.

(2) 성도들의 신앙생활을 돕는 사람이다

베드로전서 5장 2~3절에 "너희 중에 있는 하나님의 양 무리를 치되 억지로 하지 말고 하나님의 뜻을 따라 자원함으로 하며 더러운 이득을 위하여 하지 말고 기꺼이 하며 맡은 자들에게 주장하는 자세를 하지 말고 양 무리의 본이 되라"는 말씀의 뜻은 장로가 하나님의 양무리를 치되 양 무리의 본이 되어 성도들의 신앙생활 전반을 도와야 한다는 것이다. 그러면 성도들의 신앙생활에 무엇을 도와야 할까?

첫째, 이단에 미혹되지 않게 해야 한다

바울 사도는 이단들이 교회 주변에서 판을 치고 있기 때문에, 성도들이 건전한 신앙생활을 못하고 있음을 알고 이를 돕기 위해 선출된 장로에게 이에 대한 대책을 간구하라고 지시했다(행 20:28-38 참조). "내가 떠난 후에 사나운 이리가 여러분에게 들어와서 그 양 떼를 아끼지 아니하며 또한 여러분 중에서도 제자들을 끌어 자기를 따르게 하려고 어그러진 말을 하는 사람들이 일어날 줄을 내가 아노라(행 20:29-30)." 그러므로, 장로들은 교리에 밝아야 하며, 신학적인 지식도 어느 정도는 공부해서 교리적으로 잘못된 부분을 고쳐줄 수 있어야 한다.

우리에겐 목사와 장로의 갈등으로 인하여 방황할 시간적인 여유가 없다. 교회 장로라면 최소한 바른 신앙관과 바른 인생관, 바른 생활관을 가져 지도자다운 면모를 갖춤으로, 외부에서 공격해 오는 이단을 물리칠 수 있고, 내부에서 발생하는 잡음을 물리칠 수 있으며, 사탄의 역사도 막을 수 있어야 한다. 이럴 때에 성도들의 신앙생활을 돕는 장로로서 보람과 존경을 얻게 될 것이다.

둘째, 봉사하는 일을 도와야 한다

에베소서 4장 12절에서는 "성도를 온전하게 하여 봉사의 일을 하게 하며 그리스도의 몸을 세우려 하심이라"라고 했다. 교회의 부흥은 첫째, 전도를 통해서 양적 부흥을 가져오고, 둘째, 봉사를 통해서 질적인 부흥을 가져온다. 이에 대해 장로는 직접 전도도 해야 하지만, 성도들이 전도해 온 새신자를 친절하게 돌보며 섬기는 일에 최선을 다하여 봉사해야 한다.

장로들이 성도를 위하여 최선을 다해 봉사할 때 성도들도 최선을 다해 봉사하게 된다. 이처럼 그 교회 장로들의 행동 여하에 따라 성도들의 봉사정신 여부가 좌우된다. 예를 들어, 요한 사도가 지적한 디오드레베는 자기도 신도를 받아들이지 않을 뿐만 아니라, 받아들이려는 사람들까지 방해하고, 그들을 교회에서 내쫓고 있다고 했다(요삼 1:10). 만일

이와 같은 장로가 교회에 있다면 존경은 고사하고 멸시와 천대를 받을 것이고, 그런 교회는 세상에서 가장 불행한 교회일 것이다. 성도라면 누구나 베드로가 "누가 봉사하려면 하나님이 공급하시는 힘으로 하는 것 같이 하라(벧전 4:11)"라고 한 말씀을 되새기며 살아야 한다. 특히 장로는 교회 성도들이 봉사하는 모든 일을 직접, 간접으로 돕는 일에 최선을 다해야 한다.

셋째, 영육간에 약한 사람을 도와야 한다

데살로니가전서 5장 14절에는 "마음이 약한 자들을 격려하고 힘이 없는 자들을 붙들어 주며 모든 사람에게 오래 참으라"라고 했다. 교회 안에는 때로는 아직 신앙이 약해서 일찍 낙심하며 뒤로 물러나 교회에 나오지 않는 이들이 더러 있다. 장로는 이러한 이들을 찾아가 권면과 위로로 약한 부분을 치유하여 다시 힘을 얻어 교회에 나오도록 해야 할 책임이 있다. 그 밖에도 병든 사람, 처음 교회에 출석하는 사람, 가난하여 굶주리는 사람 등 모든 면에서 약한 상태에 있는 사람들을 도와서 강한 믿음을 가지고 최선을 다해 신앙생활을 하려고 노력하는 성도들이 되도록 도와주어야 한다.

(3) 상회를 받드는 사람이다

교회는 하나님의 자녀들이 모이는 한 단체이기 때문에 성경말씀에 근거하여 제정된 법규로 교회를 다스림이 마땅하다. 바울 사도는 말하기를 "모든 것을 품위있게 하고 질서있게 하라(고전 14:40)"라고 했다. 초대교회에서는 문제가 생기면 사도와 장로들이 이 일을 의논하러 모였다(행 15:6)고 한다. 이것이 곧 교회정치 단체인 치리회다.[5] 다만 장로는 목사와 더불어 이와 같은 상회를 받들어 교회 법규대로 성도를 감독해야 할 의무와 책임이 있음을 말하고자 한다. 그러면 장로는 어떻게 상회를 받들어 섬겨야 하는가?

첫째, 당회를 받들어 섬겨야 한다

디도서 1장 5절의 "각 성에 장로를 세우게 하려 함이니"란 당회의 구성을 말한다. 건전한 가정 없이는 건전한 사회가 될 수 없듯이 건전한 당회가 구성되지 않고는 건전한 교회상을 기대하기 어렵다. 그래서 엄격히 말하자면 당회가 노회나 총회보다 중요한 위치를 차지한다고 할 수 있다. 그러므로 장로는 당회의 중요성을 깨닫고 모범적인 당회를 만들도록 무한한 노력을 거듭해야 한다. 그렇다면 장로로서 어떻게 잘 받들 수 있을까?

먼저 하나님의 말씀을 중심으로 당회장인 목사와 마음과 뜻을 같이해야 한다. 다음으로 당회의 직무가 무엇인지를 인식하여 실천하는 일이 무엇보다 중요하다. 그리고 성찬예식을 거행할 때 목사와 더불어 성도에게 떡과 포도주를 배병, 배잔함으로 은혜롭게 거행하도록 최선의 노력을 다하며, 제직자를 선임하여 교회 발전과 부흥의 기틀을 마련하는 데도 동참해야 한다. 또한 필요한 사안에 권면 및 권징하여 성도들의 신령상 유익을 도모하도록 최선의 노력을 아끼지 않아야 한다.

---

5 헌법에서 말하는 치리회에 대해서는 이미 교회정치와 조직에서 읽었을 줄 알아 생략하고자 한다.

둘째, 노회를 받들어 섬겨야 한다

노회는 각 당회에서 규칙대로 제출하는 헌의와 청원과 상소 및 소원과 고소와 문의를 접수하여 처리한다. 또한 지교회의 장로선거를 승인하며 장로 피택자를 고시한다. 그리고 당회록과 재판회록을 검열하여 처리사건을 검토한다. 이러한 노회의 임무는 매우 중요하며 지교회에 큰 영향을 미치기 때문에 내 교회를 섬기듯이 살펴서 하나님 앞에 흠이 없는 교회가 되도록 노회의 치리를 바르게 하는 일에 헌신해야 할 것이다.

노회를 받들어 섬기는 데는 먼저 당회원들이 하나가 되어야 하고, 노회 일에 지교회가 잘 협조해야 한다. 노회 총대로 출석도 빠짐없이 해야 하고, 상회비 납부도 지체하지 않아야 노회가 모든 사역을 차질 없이 집행할 수 있다. 그리고 노회 총대장로는 목사와 함께 노회 상비부서의 회원이 되어 맡겨진 책임을 완수하는 데도 소홀히 해서는 안 된다. 어떤 장로는 노회 부서활동에는 전혀 참여하지 않는 사람도 볼 수 있다. 이러한 태도는 사명을 다하지 않는 것이다.

셋째, 총회를 받들어 섬겨야 한다

당회는 목사와 장로로 구성되고, 노회는 당회들로 조직되며, 그 노회들로 조직된 총회는 한국기독교장로회 전체의 종합적 의사를 결정하는 최고의 의결기관이다. 총회는 교회헌법, 신조, 요리문답, 정치, 권징조례, 예배모범을 해석할 전권이 있고, 교회와 권징에 대한 쟁론을 판단하고, 지교회와 노회의 오해와 부도덕한 행위를 경책, 권계하며 변증한다. 총회는 노회를 설립, 합병, 분립하기도 하며, 폐지하는 것과 전국교회를 통솔하며, 목사후보생의 목사고시를 실시하고, 우리 총회와 타 교파 간에 교통하고, 세계교회의 선교사역에 협력한다.

그러므로 장로는 당회나 노회 및 총회에서도 최선을 다해 한마음을 이루고 합심하여 섬기며, 특히 지방색을 드러내 파벌을 조성하는 불미스러운 일을 막아야 한다. 그뿐만 아니라 내적으로는 교회적인 면과 윤리적인 면도 잘 조화시켜서 건전한 분위기를 만들도록 노력하며, 언제든지 섬기는 자세를 가지고, 계급이 높은 사람들처럼 자처해서는 안 된다. 총회를 섬김에 형제자매(목사나 장로)가 연합하여 선을 이루어야 한다(시 133:1-3). 그리하여 주 안에서 하나되어 예수 그리스도의 지상명령인 복음을 전파하며 교회를 부흥시키고 성도를 돌보고 인도해야 한다. 그리고 국가와 민족 나아가 세계 속에 평화와 사랑을 실현하도록 힘을 다해 받들어 섬기는 데 필히 목사와 함께 협력해야 한다.

Section 03 말과 행동이 일치하는 가정생활

(1) 장로와 가정

"사람이 자기 집을 다스릴 줄 알지 못하면 어찌 하나님의 교회를 돌보리요(딤전 3:5)." 장로에게 있어 행복한 가정생활은 온 교회를 섬기고 지도하는 데 있어서 반드시 갖추어야 할 덕목이다.

물론 가정에서는 여러 문제를 경험하게 된다. 부모는 믿음이 좋은데, 자녀는 그렇지 못할 수도 있다. 마태복음 10장 36절에 "사람의 원수가 자기 집안 식구리라"라는 말씀처럼, 한 가정에도 갈등이 있을 수 있다.

아담의 가정에도 가인과 아벨이 태어나 가인으로 인해 문제가 생기고, 아브라함의 가정도 이스마엘과 이삭이 태어나 이스마엘이 아버지의 근심거리가 되기도 했다. 자녀를 원하는대로 좌지우지할 수는 없지만, 자녀들과 배우자 앞에서 본이 되게 살아야 할 의무와 책임은 있다. 장로가 가족들 앞에서 덕스럽지 못한 행동을 한다면, 이는 장로로서 자격미달이다. 가정에서 가족에게 본을 보이지 못하면서 어떻게 교회에서 지도자라고 할 수 있겠는가?

목사의 인격을 알아보려면 먼저 그 교회의 관리집사에게 물어보고, 목사의 배우자에게 물어보며, 자녀에게 물어보라는 말이 있다. 같은 맥락에서 장로의 인격을 알기 위해서는 그 가정의 자녀들과 배우자에게 물어보면 된다. 그러므로, 가정에서 장로는 정말 존경받는 장로가 되어야 하고, 본이 되는 장로가 되어야 교회에서도 존경받고 그의 가르침을 받는 성도들이 불평 없이 따를 것이다. 그러므로 장로는 가정생활을 원만하고 덕이 되게 해야 함을 언제나 명심해야 할 것이다.

(2) 장로와 가족

장로는 배우자와 협력하여 교회 일을 하는 데 지장이 없도록 해야 한다. 사랑으로 가정을 돌보며 특별히 배우자로 하여금 장로의 온전한 협력자가 되게 해야 할 것이다. 지혜로운 배우자는 하나님의 교회의 기름 부어 세운 종인 장로를 자신의 의견주장을 위한 수단으로 사용하지는 않는다. 오히려 성도와 같이 배나 존경하며 협력하는 모습을 온 교인들 앞에 보여 주어야 한다. 그렇게 할 때 모든 교인이 진심으로 존경하며 동역하게 될 것이다.

그러면 배우자나 자녀들은 어떻게 장로를 도울 수 있겠는가? 장로의 직분은 무겁기 때문에 중직(重職)이라고 한다. 장로는 교회직분이고 하나님이 주신 직분이기 때문에 가정에서도 귀하게 취급을 받아야 한다. 어느 권사님은 자녀가 장로인데 그 자녀를 부를때 "장로님" 하고 정중하게 직분을 존중해서 불렀다고 한다.

가정에서 장로를 귀하게 여기고, 매사에 장로를 도와서 교회에는 누를 끼치지 않고, 하나님의 일을 두려운 마음으로 감당할 수 있도록 여러모로 배려를 아끼지 말아야 한다. 가족 구성원들이 협력하여 장로가 맡은 역할을 잘 감당할 수 있도록 지지해 주어야 한다.

(3) 한 집에 두 장로

때때로 교인들이 "장로 배우자는 장로가 아니다"라고 강조한다. 그 말 속에는 장로의 배우자가 마치 자기가 장로인 양 말하고 행동하고 있다는 뜻이 포함되어 있다. 그리고 그 태도가 볼썽사납다는 뜻이다. 이렇게 되면 교회는 매우 시끄러워지게 된다.

장로 배우자는 장로가 아니다. 스스로 절제하며 남편인 장로가 혹은 아내인 장로가 교회에서 존경받을 수 있도록 신앙적 뒷받침을 하는 데 최선을 다해야 할 것이다. 당회에서 결정된 일을 가정에 돌아가 배우자에게 말하여, 그 배우자가 그렇게 하면 안된다고 하니 장로는 당회에서 다시 거론하자고 당회장에게 요청하는 일도 장로의 위상에 문제가 생길 수밖에 없다. 장로가 배우자의 말을 듣고 당회 결의를 번복할 정도면

현직에서 물러나는 것이 교회를 위해서 좋을 것이다.

그러나 "한 집에 두 장로님"이라고 칭찬받는 경우도 있다. 남편이나 아내가 장로인데 그 배우자와 온 가족들이 힘껏 헌신하며 교회를 섬길 때, 성도들은 매우 감사하며 그렇게 말한다. 이것이야말로 주님이 기뻐하시는 모습이다. 아나니아와 삽비라 같은 부부가 아니라(행 5:1-11) 브리스길라와 아굴라 부부 같은 모습이다(행 18:2). 그들은 바울의 선교를 돕기 위해 목숨까지 내 놓겠다고 한 종들이다. 장로부부는 하나님 나라를 위한 헌신의 씨를 뿌리는 사람들이 되어야 할 것이다.

(4) 장로부부의 모범

베드로 사도는 장로로 있는 이에게 권면하기를, 베드로전서 5장 3~4절에 "맡은 자들에게 주장하는 자세를 하지 말고 양 무리의 본이 되라 그리하면 목자장이 나타나실 때에 시들지 아니하는 영광의 관을 얻으리라"라고 말씀하고 있다. 장로부부는 영광의 면류관을 같이 써야 할 사람이다.

장로로서 몇 가지 모범이 될 것을 부탁하고자 한다.

① 장로의 직분(職分)을 신분(身分)으로 착각하지 말라.
　(교회의 모든 직분은 신분이 아니다.)
② 주님에게 헌신의 모범을 보이라.
③ 예배 참석의 모범이 되라.
④ 전도생활의 모범이 되라.

⑤ 기도생활의 모범이 되라.

⑥ 헌금생활의 모범이 되라.

    (많이 낸다고 교만하지 말며, 가난하다고 헌금에 반대하지 말라.)

⑦ 가정생활의 모범이 되라.

⑧ 직장생활의 모범이 되라.

⑨ 성도의 화목에 모범이 되라.

⑩ 장로 중에 모범이 되기를 주저하지 말라.

Section 04 모범적인 사회생활

(1) 장로의 사회생활

성도는 누구나 빛과 소금의 직분을 다하여 하나님에게 영광을 돌리게 해야 한다. 장로가 아니라도 성도라면 모두가 하나님의 영광을 드러내며 살아야 한다.

> 그런즉 너희가 먹든지 마시든지 무엇을 하든지 다 하나님의 영광을 위하여 하라 유대인에게나 헬라인에게나 하나님의 교회에나 거치는 자가 되지 말고 나와 같이 모든 일에 모든 사람을 기쁘게 하여 자신의 유익을 구하지 아니하고 많은 사람의 유익을 구하여 그들로 구원을 받게 하라(고전 10:31~33)

장로는 항존직이다. 살아도 장로고, 죽어도 장로라는 그 직함은 계속되는 것이다. 집에서도 장로고, 사회에서도 장로며, 교회에서도 장로다. 교회에서만 장로고 가정에서 장로가 아닌 것은 아니다. 그리고 사회나 직장에서도 여전히 장로다. 그러므로 장로는 장로의 직분을 어디서나 지켜야 한다.

민선 초대 군포시장이 장로였는데, 공직생활이 그리 쉬운 일도 아니고, 더욱 어려운 것은 교회직분이 있기 때문에 접대 문제 등 여러 가지로 장로로서 입장이 난처할 때가 있었다고 한다. 솔직히 직장에서 직원들이 모두 예수를 믿는 성도들이 아니라는 점과, 때로는 회식도 해야 하고 단합대회도 해야 할 때가 있는데 바로 그럴 때 가장 어렵다는 것이다. 장로라고 사회생활을 하지 않을 수 없으니 하되 분명하게 장로답게 살아야 한다.

소금은 어디 있어도 소금이다. 모래 속에 있어도 소금이고 흙 속에 있어도 소금이다. 마찬가지로 장로는 때와 장소를 가리지 않고 소금과 빛의 역할을 다하는 장로가 되어야 할 것이다. 그리하여 생활로서 전도하고 사랑과 정의를 실천해야 할 것이다. 장로는 그 직분이 매우 중요하므로 그의 삶이 곧 예수 그리스도에게 영광이 되기도 하고 모욕이 되기도 한다는 것을 잊지 말고 바른 사회생활을 해야 한다.

(2) 장로의 사생활

마태복음 5장 16절에 "이같이 너희 빛이 사람 앞에 비치게 하여 그들로 너희 착한 행실을 보고 하늘에 계신 너희 아버지께 영광을 돌리게 하라"

라고 했다. 예수님의 제자들이 보여주어야 하는 것은 그들의 착한 행실이다. 즉, 그들은 하나님의 마음과 뜻을 나타내는 모든 의를 행해야 한다. 그리고 사람들이 그 빛을 보도록 해야 한다. 이같이 빛을 비추고 하나님을 영화롭게 하는 것이 제자들이 살아가는 유일한 이유다. 선행이 따르지 않는 선한 말은 아무런 가치가 없는 것이다.

천국의 규범은 천국을 상속받을 사람인 성도들의 삶 속에서 작용하여 천국에 대한 증거를 만들어 낸다. 소금이 부패를 방지하는 역할을 하고, 제자들이 세상을 따라가거나 타협하게 될 위험을 경고하는 것이라면, 빛은 죄로 어두운 세상을 비추어 밝히는 적극적인 면을 말하는 것이다. 성도라면 누구나 이 빛과 소금의 역할을 세상 속에서 감당하여 하나님의 영광을 드러내며 살아야 한다.

하물며, 교회의 중직자인 장로라면 더 말할 것이 있겠는가? 사회적으로 착한 일을 많이 해서 장로가 하는 일을 보고 모든 사람이 하나님에게 영광을 돌리게 하는 것은 너무나 당연한 일이다. 반대로 장로가 사회적으로 지탄받을 일만 해서 사람들이 빈정대며 그를 장로로 인정하지 않고 도리어 교회에 비난을 돌리게 하면 이는 문제가 아닐 수 없다. 특히 금전 관계에 있어서는 더욱 분명해야 한다. 장로는 정확한 신용이 있어야 한다. 일반인들보다도 돈거래가 깨끗하지 못하여 그와 같은 일로 문제가 생기면, 장로 개인의 문제만이 아니라 그 일이 바로 교회와 연결되고 하나님의 이름을 욕되게 하는 것은 두말할 여지가 없다. 모든 면에 조심해서 삼가야만 하나님에게 영광을 돌리게 될 것이다.

될 수 있으면 후하게 주어 "과연 그 장로는 진정한 장로이더라"라고 칭찬을 들어야 하나님에게 영광이 되는 것이다. 그래서 장로답게 산다는 것이 그렇게 쉽지 않다는 것이다. 이름만 가지고 사는 것은 쉬운데, 장로가 장로답게 살기는 어려운 것임을 반드시 알아야 한다. 언제나 사회적으로 바르게 살았는지를 돌아보고 반성해서 새로운 삶을 살며 하나님에게 더 큰 영광을 돌리는 생활을 해야 할 것이다.

(3) 장로의 혈기

"사람이 성내는 것이 하나님의 의를 이루지 못함이라(약 1:20)"라고 성경에 말씀하고 있다. 성내는 것, 곧 혈기를 부리는 것은 사람의 마음을 해칠 뿐만 아니라 하나님이 원하시는 삶에 위배된다. 아무리 힘이 있고 가진 것이 많고 지식이 있다 할지라도 그것을 믿고 성을 내며 혈기를 부리는 것은 다른 사람을 무시하는 처사이며 장로로서는 도저히 용납되지 않는 행동이다.

세상은 힘과 다수의 논리가 통한다. 그러나 기독교는 의와 진리의 논리가 통해야 하는데, 그 원칙이 지켜지지 않는 것은 세상의 힘과 수의 논리를 주장하기 때문이다. 예수님을 죽게 한 것은 법이 아니고 다수의 힘의 논리였다. 장로가 돈의 힘을 믿고, 다수의 힘을 믿고 안하무인이 되는 것은 교만이다. 하나님은 교만한 사람을 좋아하시지 않는다. 교회에서나 세상 속에서나 힘을 믿고 혈기를 부리는 태도는 하나님을 믿는 성도의 바른 모습이 아님을 항상 주의해야 한다.

교회의 지도자들이 성도들로부터 지탄의 대상이 되는 일들이 비일비재하다. 이것은 고민하면서 깊이 생각해 볼 문제다. 부끄럽지만 요즘 목사나 장로들이 일반인들은 물론이고 성도에게도 존경보다는 빈축과 비방의 대상이 되고 있다는 것도 잊어서는 안 된다. 왜 그럴까? 인격적으로, 신앙적으로 본이 되지 않기 때문이다.

　베드로가 주님을 위한다는 명분으로 칼을 빼어 제사장의 종 말고의 귀를 쳐서 떨어뜨렸는데 주님은 칼을 칼집에 꽂으라고 하셨다. 그 이유는 칼로 치는 사람은 칼로 망하기 때문이다. 아무리 주의 일이라고 해도 화를 내며 혈기를 부린다면 주의 뜻을 이룰 수 없다. 그러므로 일을 더디게 진행하는 일이 있더라도 혈기는 내지 않는 것이 거룩한 직분을 맡은 장로의 마땅한 생활 태도라고 할 수 있을 것이다.

13장
바람직한 장로 상

 끝으로 종합하여, 장로의 바람직한 신앙과 태도는 무엇인가를 생각해 보려고 한다. 디모데전서 5장 17절의 "잘 다스리는 장로들은 배나 존경할 자로 알되 말씀과 가르침에 수고하는 이들에게는 더욱 그리할 것이니라"라는 말씀은 존경받는 장로가 되는 방법과 그것을 실천함으로 모든 사람에게 길이 기억될 수 있다는 말과 같다.

 가정과 교회 및 사회에서 존경받지 못하는 장로는 성도에게나 목사에게 근심과 걱정만 안겨주는 존재에 불과하다. 어려운 과정을 거쳐서 장로가 되었는데 하나님의 일꾼으로서, 교인들의 대표로서 맡은 일에 죽도록 충성하여 빛나는 업적을 남기는 교회에 꼭 필요한 장로가 되어야 할 것이다. 교회 발전에 걸림돌이 되는 장로가 되어서는 결코 안 될 것이다.

Section 01 믿음으로 일하는 장로

"믿음을 따라 하지 아니하는 것은 다 죄니라(롬 14:23)"라는 말씀이 있다. 세상의 일은 몰라도 교회 일은 믿음이 있어야 제대로 할 수 있다. 그러나 어떤 사람들은 돈이나 지식, 명예와 권세가 있으면 장로가 되는 줄로 잘못 알고 있다.

믿음이 없이는 하나님을 기쁘시게 할 수 없다(히 11:6). 그러므로 장로는 무엇보다도 먼저 신앙이 있어야 하고, 그 후에 위로부터 능력을 받아 주의 일을 해야 한다. 그렇게 하기 위해서는 살아계신 하나님을 믿고(마 16:16-17), 그 살아계신 하나님이 자신과 함께 하신다는 주의 약속을 믿어야 하며(마 28:19-20), 하나님이 능력을 주실 때는 무엇이라도 할 수 있다는 확신이 있어야 한다(빌 4:13). 그렇지 않으면 끝까지 주의 일을 잘 해낼 수 없기 때문이다.

또한 하나님은 하나님을 열심히 섬기는 사람에게 먹는 양식과 마시는 물의 복을 내리시며, 치유의 은총을 베풀어 주신다. 그런고로 양심을 따라 하나님을 섬기면 하나님을 향하게 되고 새 힘을 얻게 된다(행 23:1, 벧전 3:21). 예를 들면, 자신의 사업이 잘 되지 않아도 주님을 원망한다든지, 주의 일을 팽개치는 것이 아니라, 구원하여 주신 하나님의 은혜에 보답하려고 즐거움으로 주의 일을 변함없이 계속하는 것이다. 또는 생명의 위협을 느껴도 해야 할 기도는 반드시 하고, 해서는 안 될 우상숭배는 결코 하지 않는 것이다. 이와 같이 기분과 감정에 의해서가 아니라 믿음으로 주의 일을 제대로 할 때, 하나님의 마음에 맞는 장로, 곧 바람직한 장로가 될 수 있을 것이다.

Section 02 말보다 행동으로 하는 장로

마태복음 23장 3~4절의 "그들이 말하는 바는 행하고 지키되 그들이 하는 행위는 본받지 말라 그들은 말만 하고 행하지 아니하며 또 무거운 짐을 묶어 사람의 어깨에 지우되 자기는 이것을 한 손가락으로도 움직이려 하지 아니하며"라는 말씀에서 보듯이 바리새인들은 모세의 율법을 가르칠 줄은 알면서 일은 하지 아니하고 말만하여 온갖 칭찬과 존경 및 좋은 것은 다 받으려 하는 것을 책망하고 있다.

사람은 누구나 말이 많으면 상대적으로 행함이 적은 법이다. 그래서 예수 그리스도는 "화 있을진저 또 너희 율법교사여 지기 어려운 짐을 사람에게 지우고 너희는 한 손가락도 이 짐에 대지 않는도다(눅 11:46)"라고 하시면서 말만하고 행동하지 않는 외식하는 사람을 엄히 경고하셨다.

오늘의 교회 안에서 이와 같이 권위만 찾고 자기 영광만 얻으려고 하는 장로가 많기 때문에 교회가 편치 못하다. 아나니아와 삽비라는 말한 대로 실천하지 않아 죽음을 맞이했다(행 5:1-11). 그러므로 장로들은 그 마음에 서원한 것은 해로울지라도 변치 않아야 한다(시 15:4).

바람직한 장로가 되려면 말을 많이 하기보다는 행동으로 보여주어야 한다. 성도에게 본이 되어 이끌어 갈 때, 그는 존경을 받으며 그 장로의 이름이 길이 빛날 것이다.

Section 03 목사와 함께하는 장로

출애굽기 17장 11~13절에 "모세가 손을 들면 이스라엘이 이기고 손을 내리면 아말렉이 이기더니 모세의 팔이 피곤하매 그들이 돌을 가져다가 모세의 아래에 놓아 그가 그 위에 앉게 하고 아론과 훌이 한 사람은 이쪽에서, 한 사람은 저쪽에서 모세의 손을 붙들어 올렸더니 그 손이 해가 지도록 내려오지 아니한지라 여호수아가 칼날로 아말렉과 그 백성을 쳐서 무찌르니라"라고 했다.

어떤 장로는 목사를 견제하는 것을 직무라고 알고 있는데 그렇지 않다. 장로는 목사가 손을 들고 기도하면 그 손을 받들어 주며(출 17:12) 성도들의 모범이 되어야 한다. 이처럼 장로의 책임은 중요하다. 만약 그 책임을 감당하지 않으면 성도들이 마귀와 싸워서 승리할 수 없을 것이다. 예수 그리스도에게도 돕는 제자들이 있었고, 바울 사도에게도 돕는 실라와 디모데가 있었으며, 오늘날 목회자에게도 돕는 장로, 권사, 집사, 교사 및 모든 성도가 있는 것이다.

장로는 목사가 영력이 약할 때 기도로 돕고, 경제적으로 빈곤할 때 물질로 도와서 영육 간에 새 힘을 얻게 하여 하나님의 지상명령인 복음을 전하고 교회를 세우는 데 최선을 다해야 한다. 목사를 도와서 교회 일을 한 장로들은 그 이름이 하늘 생명책에 기록되지만, 목사를 괴롭혀 교회 일을 방해한 사람들은 그 이름이 부끄럽게 전해질 것이다. 그러므로 장로라면 목사를 도와 의무와 책임을 완수하여 교회발전과 부흥에 밑거름이 되어야 할 것이다. 진정으로 목사를 돕는 일에 게을리 하지 않을 때 그의 이름이 영원히 빛나는 바람직한 장로가 될 것이다.

Section 04 성도들의 본이 되는 장로

베드로전서 5장 3절의 "맡은 자들에게 주장하는 자세를 하지 말고 양 무리의 본이 되라"라는 말씀은 장로는 교인들의 대표이기 때문에 언행일치로 덕을 세워 성도에게 모범 보여주어야 모든 성도와 뒤에 장로된 사람들이 그대로 배우고 따른다는 말씀이다.

어느 교회를 막론하고 그 교회 장로들이 신앙이 좋으면 성도들의 신앙도 좋고 건강한 교회가 된다. 그러나 반대로 문제만 일으키는 장로가 있다면 교회 내부에서도 항상 문제가 있고, 질적인 면에서도 형편이 없어 좋은 교회로 소문나기는 어려울 것이다. 장로가 이단에 치우치거나 건강치 못한 신앙에 치우치면 자신만 망하는 것이 아니라 장로를 보고 따른 많은 성도가 함께 망하는 엄청난 불행이 초래된다.

예수님이 말씀하시기를 "만일 소경이 소경을 인도하면 둘이 다 구덩이에 빠진다(마 15:14)"라고 했다. 그러므로 교인의 대표인 장로직분이 얼마나 중요하며 의무와 책임이 얼마나 무거운지도 알아야 할 것이다.

장로의 생활은 가정생활이나 대인관계와 금전관계 및 모든 사생활과 직장과 사회생활에서 깨끗해야 하며 모범적이 되어야 한다. 특히 교회생활에서는 더욱 헌신적이며 분명해야 한다. 예배 시간을 지키는 것이나, 헌금하고 봉사하는 면에서는 더더욱 신경을 써야 한다. 앞에서도 말한 것과 같이 장로가 되는 과정도 어렵지만 장로답게 사는 것은 더욱 어려운 일이다. 장로는 계급도 명예도 아니기 때문에 오직 믿음과 덕으로 세워져야 한다. 이미 장로가 되었다면 예수 그리스도를 본받아 성도에게 본을 보이고, "너희는 나를 본받는 자가 되라(고전 11:1)"라고 할 수 있을 만큼 본이 되는 삶을 살아야 할 것이다.

Section 05 교회를 화평케 하는 장로

바울 사도가 고린도교회 성도에게 보낸 편지에서 "그리스도로 말미암아 우리를 자기와 화목하게 하시고 또 우리에게 화목하게 하는 직분을 주셨으니 곧 하나님께서 그리스도 안에 계시사 세상을 자기와 화목하게 하시며 그들의 죄를 그들에게 돌리지 아니하시고 화목하게 하는 말씀을 우리에게 부탁하셨느니라(고후 5:18-19)"라고 한 말씀은 교회직분자에게 주신 사명을 말하고 있다.

화평은 교회 부흥의 원동력이 되지만(행 9:31) "만일 나라가 스스로 분쟁하면 그 나라가 설 수 없고 … 망하느니라(막 3:24-26)"라고 주님이 말씀하셨다. 그래서 바울 사도는 "할 수 있거든 너희로서는 모든 사람과 더불어 화목하라(롬 12:18)"라고 말했고, 예수 그리스도는 "화평하게 하는 자는 복이 있나니 그들이 하나님의 아들이라 일컬음을 받을 것임이요(마 5:9)"라고 하셨다. 장로는 마땅히 교회 안에서 화평을 도모하는 데 최선을 다해야 한다. 그것이 곧 교회의 평안과 부흥의 초석이 되기 때문이다.

주의 일을 하면서 혈기나 감정으로 서로 원망하고 책임을 타인에게 전가하면 심각한 문제가 발생한다. 때를 기다리면서 소망 중에 참으며 일을 처리해야 한다. 베드로가 말고의 귀를 쳐서 떨어뜨렸을 때 주님은 이것까지 참으라고 하셨다(마 26:50-54). 이 말씀은 오늘의 장로뿐 아니라 미래의 모든 장로에게도 해당되는 말씀이다. 자신의 혈기를 죽이는 신앙훈련을 계속하여 교회 안의 모든 회의나 대화 중에 그리고 사회생활 속에서 화평을 이루는 장로가 될 때 모범적이고 그 이름이 후세에 전해질 장로가 될 것이다.

네가 죽도록 충성하라 그리하면 내가 생명의 관을 네게 주리라(계 2:10)

부록

A. 권면의 말 – 장로가 장로에게
B. 섬기는 사람으로서의 장로 – 그 사례들

부록 A
권면의 말 - 장로가 장로에게

저는 '장로가 교회를 어떻게 섬겨야 할지를 모르는' 30대 초반의 어린나이에 장로가 되어 32년 동안 한 교회를 시무하고 자원 은퇴한 사람입니다. 저는 여기에서 지난날 '내가 장로로서 그렇게 하지 않았더라면 더 좋았을 것을…' 하는 아쉬움과 평소에 장로로서 늘 부족하게 느꼈던 점을 모아 얘기하려고 합니다. 그리고 그러한 실패(?)를 바탕으로 '시무장로는 이래야 한다'라는 사안을 정리하여 제가 속한 노회에서 장로 임직예정자들을 상대로 강의했던 내용과 장로 임직예배 때 임직자에게 했던 권면의 말을 함께 묶어 정리했습니다. 따라서 이 글은 여기 내용처럼 "잘했었다"라는 저의 과거 얘기가 아니라 앞으로의 장로님들은 "이렇게 하는 게 좋겠다"라는 바람을 정리한 것이라는 점을 말씀드립니다. 글의 유연성 유지를 위하여 존칭을 쓰지 않는 점을 양지해 주시기 바랍니다.

- 집필자의 말 -

Section 01 장로의 자격

"나는 장로의 자격을 갖추고 있는가?"

이는 여러분이 장로 임직예정자로 뽑힌 순간부터 지금까지 고민해 왔고 앞으로도 또한 계속 고민해야 할 물음이다. 만약, 이런 고민 없이 지금까지 지내왔다면 여러분은 교회의 훌륭한 지도자일 것이고 어쩌면 장로 임직예정자로서의 교육을 받지 않아도 될 것이다. 아울러 필자가 쓰는 이 글도 읽을 필요가 없을 것이다.

장로는 교인의 선택을 받은 교인의 대표로서 노회가 파송한 목사와 협력하여 교회의 행정과 권징을 치리하는 사람이다. 따라서 우리 교단 헌법 제30조에서는 장로의 자격을 다음과 같이 규정하고 있다.

> "상당한 식견과 통솔 능력을 가진 남녀로서 디모데전서 3장 1~7절에 해당하고 무흠 입교인으로 5년을 경과한 사람이라야 한다."

이상의 문구로만 보면 장로가 그리 어려운 자리는 아닌 듯하다. 왜냐하면 디모데전서 3장 1~7절의 말씀은 일반적으로 목사를 포함한 교회 지도자에게 하시는 말씀이지 꼭 장로에게만 요구되는 말씀은 아닌듯하고 '상당한 식견과 통솔 능력'쯤이야 보통을 좀 넘는 상식과 학교 다닐 때 학급반장 쯤의 경험이 있다면 충분히 감당해 낼 수 있을 듯해서 그렇다. 더구나 '세례를 받은 지 5년을 탈 없이 지낸 사람'이면 된다고 하니 그러한 생각이 드는 것도 무리는 아닐 것이다.

(1) 엄격히 적용해야 할 말씀의 잣대

앞서 얘기한 말에 조금이라도 "그렇다"라고 공감을 한 분이 있다면 그건 잘못된 생각이다. "성경말씀이 모든 사람 곧, 불특정 다수인에게 포괄적으로 하는 말씀이지 꼭 나에게만 하는 말씀은 아니라"는 식의 사고는 극히 위험하기 때문이다. 성경말씀은 읽는 그 사람에게 주시는 하나님의 말씀이자 명령이며 우리 모두가 반드시 지켜야 할 지침이다. "성경말씀대로 살지 못하는 사람들이 어찌 나 한사람뿐인가?"라고 해서 "남도 그러니까 나 한사람쯤도 …"라는 발상은 장로가 취할 태도가 아니다. 믿음은 자신과 하나님과의 절대적인 관계일 뿐, 예수님을 믿는 사람들과의 상대적인 관계는 아니기에 장로는 모름지기 '나만은 하나님 앞에 바로 서야 한다'라는 신념의 사람이어야 한다.

사실 우리는 그동안 일부 교회 지도자들의 삶에서 교회와 사회 앞에 본이 되지 못한 경우를 보아왔다. 그러나 그분들이 그랬다고 해서 나까지 그렇게 살아도 된다고 생각한다면 자기를 포기하는 것이고, 자기를 장로 후보로 뽑아준 교회와 교인을 배신하는 행위다. 그동안 기도하고 뜻을 모아 장로 임직예정자로 세워준 교인들의 기대에 부응하기 위해서라도 나를 향해 요구하시는 하나님 말씀을 액면 그대로 받아드려 자신에게 엄격히 적용해야 한다. 따라서 디모데전서 3장 1~7절의 말씀은 장로로 시무하는 기간 내내 가정에서, 섬기는 직장과 교회에서 가슴에 안고 새기며 꼭 지켜야 할 하나님의 명령임을 알아야 한다.

(2) 상당한 식견

장로가 갖춰야 할 '상당한 식견'의 기준은 무엇일까? 교회의 수준(?)은 천차만별이다. 예수 그리스도를 머릿돌로 해서 세운 교회는 다 같아야 할 텐데 '수준'이라는 말을 사용하고 보니 어딘가 좀 어색하다. 그러나 이와 같은 현실은 오늘날 피할 수 없는 우리의 현실이다. 농어촌교회와 도시교회, 그리고 20~30명이 모이는 작은 교회와 수천, 수만 명이 모이는 대형교회에서 동일한 기준으로 장로를 뽑을 수는 없다. 한국기독교장로회 헌법에서 장로의 자격을 '상당한 식견'이라고 애매하게 표현한 것도 아마 그러한 고민 때문이었을 것이다. 뿐만 아니라 '식견'이라는 두 글자 앞에 붙여진 '상당한'이라는 수식어도 교회의 수준이 일정치 않음을 의미할 것이다.

그렇다면 '상당한 식견'의 기준은 무엇일까? 필자는 '상당한 식견'의 기준을 성경에 두고 싶다. 교회는 신앙공동체다. 성경을 하나님 말씀으로 알고 그 말씀의 기초 위에 세워진 교회에서 교인의 대표로 선발된 장로는 최소한 성경에 대해서만큼은 교인들보다 훨씬 더 많이 알아야 하고 통달해야 한다. 그래야 성경상의 오류를 범하거나 이단사설에 빠지는 교인을 말씀으로 바로잡고 인도할 수 있기 때문이다. 더 나아가 교회는 말씀의 의미를 깨닫는 교인들이 세상에 나가 그 말씀을 전하는 게 사명이라면 지도자인 장로가 갖춰야 할 '상당한 식견'의 덕목은 반드시 성경이 되어야 하지 않겠는가.

장로는 세상 학문은 좀 부족하더라도 성경에 대해서만큼은 늘 읽고 묵상하여 행함으로써 교인에게 항상 모범이 되어야 한다. 요즘은 어지간하면 대학은 졸업하는 학력 인플레 시대다. 바꿔 말하면 교인들의 지적 수준이 그만큼 올랐다는 얘기다. 따라서 오늘날 교회에서 존경받는 지도자는 학력이 문제가 아니라 성경을 잘 알고 그 가르침대로 겸손하게 살기를 노력하는 사람일 것이다. 배움이 전혀 없는 무학자일지라도 교회가 장로로 세우는 것은 '상당한 식견'의 기준이 바로 성경말씀에 있기 때문일 것이다.

(3) 통솔 능력

장로는 성경지식도 풍부해야 하지만 그 성경에 근거한 상황판단도 빠르고 정확해야 한다. 성경은 많이 아는데 그게 지식으로만 그친다면 지도자가 될 수 없다. 한낱 성경을 많이 아는 사람 중에 하나일 뿐이다. 장로야말로 바쁘게 돌아가는 사회와 새로운 변화에 능동적으로 대처할 수 있는 판단과 능력의 소유자이어야 한다. 장로는 교인들이 교리를 오해하거나 도덕적으로 부패하지 않도록 권면하며 지도할 지도력이 있어야 한다.

그렇다고 할 때 그 지도력은 어디에서 나올까? 두말 할 것 없이 그 자신의 모범적 신앙자세에서 베어 나온다. 즉, 장로가 말씀 안에서 생활하고 말씀에 따라 교회를 충실히 섬길 때 교인들은 머리 숙여 존경을 표하고 그런 장로를 따르게 되어 있다. 만약 말씀과는 거리가 멀게 생활하는 장로가 덕이 되지 못하는 생활을 하면서 교인에게 따라오라고 한다면 잘 따르겠는가? 아마 모르긴 해도 속으로 "너나 잘해!" 하고 경멸할 것이다.

장로의 리더십은 말에 있지 않다. 행함에 있다. 곧 교인에게 모범을 보이는 실천적 신앙생활의 모습에 있는 것이다. 당회에서 세례문답을 하면서 교인에게 '세례교인의 의무'를 말해보라며 예배 참석을 강조하던 장로가 주일을 제대로 지키지 않거나 주일오후 예배나 수요기도회를 소홀히 하는 경우를 본다. 이는 지도력 상실이자 장로로서 직능을 스스로 포기하는 것이다.

장로는 미래에 대한 꿈을 펼치는 통찰력과 풍부한 상상력도 갖춰야 한다. 꿈이 없는 지도자에게는 발전이 없고 향상이 있을 수 없다. 장로는 또 교인들의 잠재력도 발굴할 수 있어야 한다. 그것은 온 교우들의 관심을 교회 일에 끌어들이도록 하는 데 있어서 필수적이다. 따라서 장로의 '통솔 능력'이란 모범을 보이는 실천적 신앙으로 당회가 세운 목표를 달성하도록 교인들의 관심과 힘을 한 곳으로 결집시킬 수 있는 지도력을 말한다.

(4) 무흠 입교인

'무흠 입교인'이란 흠이 없는 세례교인이라는 뜻이다. 여기에서 '흠'이란 법률적인 흠결을 말한다. 한국에 복음이 들어왔던 초대교회 시절에는 교인에게 권징조례를 엄격히 적용했었다. 주일을 제대로 지키지 않거나 자녀를 믿지 않는 가정과 성혼시켰을 때 등은 당회에서 '교회 출석 정지'에서부터 '출교'에 이르기까지 다양한 벌을 내렸다. 따라서 장로가 될 사람은 사회가 요구하는 실정법은 물론, 교단의 권징조례에 따라 징계를 받은 사실도 없어야 한다는 뜻이다. 그러나 오늘날 권징조례는 교회 내 분란이나 윤리와 도덕적 해이에서 오는 특별한 경우를 제외하고는 교인을 치리하는 경우가 드물어 이 규정은 사문화(死文化)가 된 것이나 다름없는 문구다.

그렇다고 해서 우리가 '무흠'에 대한 문제를 가볍게 여길 것인가? 그럴 수는 없다. 우리가 밖으로 드러난 흠이 없다고 해서 과연 깨끗한 사람이라 할 수가 있겠는가? 그렇지는 못할 것이다. 우리 모두 깨끗하지 못한 사람들이라는 의미에서 "세상에 흠 없는 사람이 어디 있으랴, 털어서 먼지 안 나는 사람 어디 있으랴"라는 말을 자주 쓴다. 내가 '교회 안에서 책벌을 받지 않았다'고 해서, 또는 '실정법을 어기지 않았다'고 해서 "나는 장로의 자격이 충분한 사람이다"라고 할 수는 없을 것이다. 간음죄를 범한 여인을 놓고 정죄를 요구하는 군중을 향하여 '죄 없는 사람이 먼저 돌로 치라'시던 예수님의 말씀에 말없이 가슴을 쓸어내리며 뿔뿔이 흩어져버린 군중들의 모습도 그러려니와 우리 스스로의 생각에도 우리는 용서받지 못할 죄인이고, 허물투성이일 뿐이다. 따라서 우리는 장로가 되면 더욱 고개를 숙여야 한다. '나는 항상 부족하고 허물 많은 사람이다'라는 마음으로 낮은 자세로 겸손하게 교회를 섬겨야 한다.

Section 02 당회

(1) 조직과 기능

당회는 노회가 파송한 목사와 장로로 조직한다. 당회장은 노회가 파송한 담임목사가 자동으로 맡고 서기는 장로 가운데서 선임한다. 당회는 예배와 성례에 관한 일, 장로와 권사, 안수집사 등 항존직의 인사, 재정 정책 수립 및 감독, 교인의 권징, 교인의 신앙 및 행위를 보살피는 등 다양한 업무를 맡는다. 담임목사는 교회의 대표가 되고 장로는 교인의 대표가 된다. 당회의 성수는 당회장을 포함한 회원 과반수의 출석이라야 한다. 과반이 훨씬 넘는 당회원이 참석했다할지라도 당회장이 참석하지 않으면 그 회의는 개회될 수 없고 법적인 효력도 없다. 당회장을 포함한 과반수를 당회의 성수로 보는 이유는 교회의 일은 담임목사가 참석한 가운데 처리되어야 한다는 것을 의미한다.[6]

담임목사를 청빙하는 절차는 목사가 공석 중인 교회에서 임시 당회장이 주관하여 공동의회를 열고 "○○ 노회 소속 ○○○ 목사를 이러저러한 조건으로 모시겠다"라는 결의를 거쳐 그 회의록을 노회에 제출하면 노회는 교회 대표를 불러 그 의지를 확인하고 청빙하는 교회로 ○○○ 목사의 파송을 허락한다.

당회의 주요 기능 중 중요한 것으로 치리권이 있다. 당회의 치리권은 교인 치리에 있어서 노회나 총회보다도 훨씬 더 기능이 강하다. 그것은 노회와 총회의 기능은 간접 치리지만 당회의 치리는 직접 치리이기 때문이다. 그러므로 장로는 교인들이 치리의 대상으로까지 오르지 않도록 평소에 잘 보살피고 지도해야 할 것이며 치리를 하더라도 문제가 확산되지 않도록 신중에 신중을 기해야 할 것이다.

---

[6] 부득이한 경우 시급한 사무를 장로들이 처리할 수 있으나 처리된 안건은 추후 당회장이 참석한 회의에서 인준을 받아야 한다.

(2) 장로의 덕(德)

장로교의 경우 당회의 기능은 실로 막중하다. 따라서 당회가 화목한 가운데 원만하게 운영되면 그 교회는 부흥과 성장의 길을 걷게 된다. 그처럼 이상적인 당회가 되기 위해 목사와 장로는 서로 노력해야 한다.

그러기 위해 우선 장로들부터 갖춰야 할 덕(德)을 생각해보자. 덕이라는 말은 '공정하고 남을 넓게 이해하며 받아들이는 마음이나 행동'을 뜻한다. 남을 배려할 줄 알고 도량이 넓은 품위 있는 사람을 일컬어 '덕스러운 분'이라고도 한다. 교회는 모름지기 그처럼 '덕스러운 분'을 장로로 세우는 게 좋을 것이다. 그러나 그처럼 훌륭한 인격까지를 완전히 갖춘 사람은 많지 않을 것이다. 일단 장로로 선임이 되면 그런 '덕스러운 장로'가 되도록 노력하는 것이 바람직할 것이다. 후천적인 노력으로도 인생을 성공한 사람들이 얼마든지 있기에 장로로 선임이 되었으면 이제부터라도 우리 스스로들 '덕스러운 장로'가 되기 위해 힘쓰는 것도 자기 발전을 위한 좋은 계기가 될 것이다.

성경을 통해서 보는 '덕스러운 상(像)'은 흔히들 모세를 도운 아론과 훌의 협력을 예로 든다. 이스라엘과 아말렉의 전쟁에서 "피곤해진 모세의 두 손을 아론과 훌이 붙들어 올렸더니 해가 지도록 모세의 손이 내려오지 아니하므로 여호수아가 아말렉을 쳐서 무찔러 이겼다(출 17:8-13 참고)"라는 말씀에서 아론과 훌의 역할이 덕스럽다는 것이다. 그 이유는 아론이 모세보다 세 살이 더 많은 손위 형이라는 점과 훌은 그 아론의 누나 미리암의 남편이라는 점 등에서 그렇다(구전). 그러니까 아론과 훌 등은 혈육 관계로 보든지 나이 관계로 보든지 모두 모세의 윗사람들이었지만 모세가 이스라엘 민족의 지도자라는 점에서 아우를 적극적으로 도운 사람들이다. 그런데 가끔 보면 아론과 훌의 협력관계를 잘못 인용하는데서 엄청난 거부감을 가져오는 경우를 본다. 그것은 모세의 손을 붙들어 올린 아론과 훌의 역할 곧, '모세를 도왔다'는 개념이 '모세의 보조자'로 전락하는 데서 그러는 것 같다. 하나님의 선민 이스라엘이 이방 민족과의 싸움을 이기기 위하여 주체 역할이면 어떻고 보조 역할이면 어쩌랴만 부흥강사나 일부 목사들이 아론과 훌의 역할을 '모세의 보조자'로 왜곡, 비하하면서 "장로는 모름지기 목사의 보조 역할을 잘 해야 한다"라고 강조함으로써 성경말씀을 아전인수 격으로 해석하는 데서 온 현상이 아닌가 여겨진다.

필자는 성경에 대한 지식이 없다. 신학에 대하여는 더더욱 아는바가 없다. 따라서 이 말씀에 대하여 성경적으로나 신학적으로 접근할 입장은 못 된다. 다만 글을 쓰고 이해하는 일에 오랜 세월 종사해온 필자 나름의 판단으로는 이 말씀에서 흐르는 문자적 의미는 아론과 훌은 모세의 협력자였지 보조자는 아니었다. '협력'이라는 말은 '한 가지 일(목적)을 이루기 위하여 여럿이 공동으로 함께 노력하는 것'을 말하고 '보조'라는 말은 '모자라는 것을 채우기 위하여 도와주는 것'을 뜻한다. 다시 말해 '협력'에는 주체성이 들어가지만 '보조'에는 종속성, 곧 모자라는 것의 채움일 뿐이기에 주체성이 없다. 따라서 '장로가 목사의 보조자'라는 말은 '장로가 목사의 부족함을 채워주는' 뜻의 예속성을 의미하므로 삼가야 할 언어다. 그래서 장로들은 담임목사와 함께 교회를 교회되게 하기위해 공동으로 노력하는 협력자들이어야 한다.

내친김에 이 문장(말씀)에 사족을 붙여본다면 하나님은 이 전쟁을 승리토록 하기 위하여 산 아래에서의 역할(싸움)과 산 위에서의 역할(하나님 권위의 상징인 지팡이를 드는 일)이 필요했는데 여호수아와 백성들은 산 아래에서, 모세와 아론, 훌 등은 산 위에서 각각 그 책임을 수행한 것이고 더 나아가 산꼭대기에서 아론과 훌은 지도자 모세를 도와 전쟁 승리를 위해 힘을 모아 협력한 것이다.

Section 03 어떻게 섬길 것인가?

(1) 목사와의 관계

필자가 광주노회 고시위원으로 활동할 때 장로 임직예정자들 교육에서 늘 이런 말로 마무리를 했다.

> "오늘 이후 돌아가거든 여러분들은 자기 교회 담임목사님을 배나 더 존경해라. 이유는 없다. 무조건 존경해라. 그러나 그 이유를 꼭 대라면 그 분은 '여러분 교회의 목사님'이니까 존경해야 하는 것이다. 여러분들이 교회 목사님을 존경하지 않고는 장로로서의 시무가 즐겁지 못할 수도 있다. 여러분이 장로로 시무하는 동안 마음이 평안해지고 교회봉사도 즐거우려면 담임목사님부터 먼저 존경해라."

명령조의 필자 말에 어떤 이는 의아해 하기도 하고, 어떤 이는 냉소적 표정을 짓기도 했다.

그러한 그에게 필자는 소리를 낮춰 이렇게 얘기했다.

"앞으로 여러분들이 장로가 되면 목사님과 더욱 가까이 하면서 일을 하게 된다. 그러다 보면 서로가 의견을 달리할 수가 있고 더러는 의견충돌이 날 수도 있다. 그러할 때의 예방책은 평소 담임목사에 대한 각별한 신뢰와 존경심뿐이다. 만약 여러분이 그런 자세로 다짐을 하지 못하면 여러분들은 당회 회의 과정에서 피차 얼굴을 붉힐 수도 있다. 성질나는 대로 하다보면 집에 돌아가서 엄청 후회하게 된다. 따라서 가정생활도 편치가 못하다. 어디 그뿐인가. 교회 봉사도 무척 힘이 든다. 그러니 목사님을 존경하는 것은 먼저는 자신을 위해서 필요하다."

그런데 더러는 '목사를 섬긴다'는 표현에 거부감을 갖는 장로들이 있다. 그럴 때마다 필자는 이런 말을 한다. "이 사람아 목사를 잘 섬겨 봐! 그럼 목사는 장로를 더 잘 섬겨…! 그런 핑퐁의 원리를 왜 모르나? 대접을 받으려거든 먼저 남을 대접하라는 말 잊었는가?"

'섬기는 자세'로 시작하는 당회는 화목이 퍼져간다. 화목한 당회의 모습이 제직회와 전체 교인들로 확산되어진다는 뜻이다. 당회는 서로를 섬기는 자세로 일을 해야 한다. 어떤 장로는 섬기지 못하는 이유로 "목사가 그렇질 못하는데 어떻게 하라는 얘기냐?"라며 항의한다. 그렇기에 필자는 먼저 담임목사를 조건 없이 존경하라고 한 것이다. 목사도 감성을 가진 사람이다. 고개 숙이는 장로 앞에 군림하는 목사가 어디 있겠는가. 고개를 숙여도 당회장과 원만한 관계가 이뤄지지 못한다면 그 원인은 내가 내 마음을 다 열지 않고 형식으로만 담임목사를 존경하는 척한 장로 나 자신에게 있다.

교회 일은 담임목사가 전문사역자라는 의식을 가지고 특별한 사안이 아니면 담임목사의 의견을 따르는 게 좋다. 목사는 목회자가 되기 위하여 일정한 기간 동안 교육과 훈련을 받았다. 또 목회의 길이 어떠한 길이라는 것을 지금까지의 목회활동에서 많이 겪어본 경험자다. 따라서 당회는 당회장 주도하에 교회 일이 처리되고 장로의 협조 아래 제직회와 공동의회에서 원만히 처리되는 게 순리다.

목사와 장로는 그 직무가 각각 다르다. 그 기능이나 역할은 한국기독교장로회 헌법 등에 정해졌다. 그러한 법은 교회의 질서를 위하여 사람이 만든 것이지만 교회 직원들은 교회의 질서를 위하여 반드시 지켜야 한다. 교회는 세상을 구원하기 위해 오신 그리스도의 복음을 전하기 위해 세워졌고 우리는 그 교회의 구성원이라면 교회의 구성원이 법대로 움직이는 것은 당연한 것이다. 목사와 장로의 관계를 무슨 신분상의 차이처럼 높낮이를 셈해 본다거나 "교회의 주인이 목사냐? 장로냐?"를 두고 따져보는 발상은 참으로 유치하다. 교회의 주인은 어디까지나 예수 그리스도이시고 목사와 장로, 권사, 집사 등은 부르심을 입은 사람들의 모임, 곧 교회 안에서 제 각각의 역할을 떠맡은 책임자들이다.

(2) 장로와의 관계

당회의 화목은 교회의 성장에 지대한 영향을 미친다. 당회가 하나 되지 못하면 담임목사가 힘 있는 목회를 할 수가 없고 당회가 불협화음을 내면 제직회가 덩달아 소리를 낸다. 어디 그 뿐인가? 교인들까지 실세(?)를 따라 이리저리 움직이기 때문에 교회는 시끄러워진다. 어느 교회든 정도의 차이일 뿐 크고 작은 불협화음이 있는 게 현실이다. 그것은 교회가 사람이 모이는 곳이기에 어쩔 수 없다. 문제는 그러한 다소의 불협화음을 당회가 얼마만큼 다잡고 잘 지도해 가느냐가 관건이다. 헌법에서 말하는 장로의 자격 중 '통솔 능력'이 바로 이러한 때 발휘되어야 할 것이다. 문제의 요인을 잘 파악해서 해당자들을 어르고 달래 문제가 조속히 해결되도록 조정하는 능력이야말로 장로의 자질 중 으뜸이다.

그런데 장로가 위계적 의미의 서열이 있을 수 있을까? 엄격한 의미에서는 없다. 그러나 어떤 조직이든 조직에 먼저 발을 들여놨으면 그는 그 조직에 있어서 선배가 되고 선배의 경험은 곧 후배가 참고해야 할 덕목이 된다. 조직에 있어서 위아래가 있는 것이 없는 것보다는 낫다. 그것은 그 조직에 위기가 닥쳤을 때 보면 알 수 있다. 담임목사가 공석일 때나 어떤 예기치 못한 일이 교회 안에 발생했을 때 장로들이 선임 장로를 중심으로 두고 일사분란하게 일을 처리하는 모습은 아름답다. 만약 위계적 서열을 무시하여 중구난방 식으로 저마다의 주장을 내세운다면 교회는 큰 혼란에 빠지기 쉽다. 따라서 필자는 당회에는 보이지 않게 서열이 있어야 한다고 생각하는 사람이다. 당회에는 장로명부가 있다. 그 명부는 임직 순에 따라 작성된다. 같은 날 임직한 장로는 공동의회 득표 순이든, 연령순이든 그 교회의 관례에 따라 정한다. 다른 교회에서 이명해온 경우는 해 교회에서 취임한 날짜를 기준으로 등재한다. 이렇게 해서 작성된 장로명부 등재 순이 곧 그 교회 장로서열이다. 따라서 새로 임직한 장로는 선배 장로들이 그동안 교회를 위해 흘린 눈물과 땀의 봉사를 인정하고 선배 장로들 앞에서 겸손해야 한다. 학식이나 덕망, 재물의 유무, 사회적인 직위에 상관없이 먼저 장로로 임직해서 봉사해온 그분을 배나 존경해야 한다. 선배 장로들의 권위를 인정하지 못한다면 자신도 나중에 후배들로부터 존경을 받지 못할 뿐 아니라 권위도 인정받지 못할 것이다.

(3) 교인들과의 관계

장로는 모든 관계를 잘해야겠지만 교인들과의 관계에선 특히 바르게 서야 한다. 신앙생활에서 본이 되어야 한다는 말이다. 몇 가지로 나눠 설명을 해 보겠다.

① **기도의 모범을 보여라**

기도는 '영혼의 호흡'이라 했다. 호흡이 멈추면 우리의 생명이 지탱할 수 없듯이 우리가 건강한 믿음을 유지하려면 기도를 게을리해서는 안 된다. 그래서 성경은 쉬지 말고 기도하라고 했다. 일을 할 때도, 쉴 때도, 기쁠 때도, 슬플 때도, 늘 기도에 힘써야 한다. 따라서 믿는 사람에게 기도는 선택이 아니라 필수다. 이처럼 중요한 기도를 모두들 하는데 기도하지 않을 장로가 어디 있으랴만 장로는 늘 기도하는 자리에서 모범을 보여야 한다. 기도는 주님 가르침대로 숨어 골방에서 하는 것이 좋다. 그러나 교회가 기도하기 위하여 모이도록 한 자리에 장로는 가급적 빠지지 말아야 한다. 그것이 지도자로서의 도리고 예의다.

　교회가 매일 새벽기도회를 정례적으로 갖는다면 장로는 가급적 참석해야 한다. 또 얼마동안을 일정기간으로 정하여 특별 새벽기도회를 드린다면 반드시 참석해야 한다. 바쁜 공직생활이나 기업 경영 등의 고달픈 사회활동에서 장로의 새벽기도회 참석은 힘이 들겠지만 장로는 모름지기 신앙생활의 지도자이기에 빠지지 않도록 노력해야 한다. 필자의 경험으로는 집에서 혼자 기도하는 것보다는 교회에서 함께 기도하는 것이 훨씬 더 좋았다. 그것은 기도할 수 있는 분위기 때문이다. 교회에서 멀리 살 때는 승용차로, 가까이 살 때는 걸어서, 새벽기도회만큼은 반드시 참석했다. 하루 시작하는 첫 시간을 섬기는 교회에서 드리는 기도야말로 하루를 보다 즐겁게 보낼 수 있는 지름길이었다.

기도생활이 기쁨일 수밖에 없는 것은 기도를 통해 응답해 주시는 하나님의 역사 때문이다. 기도는 곧 체험을 통해 그 필요성을 느낀다. 체험이 없고 확신이 없는 기도생활은 힘이 든다. 기도생활이 주는 기쁨이 없다면 매일 새벽 단잠을 설쳐야 하는 새벽기도야 말로 중노동 중에 중노동일 것이다. 혹자는 이런 말을 한다. "새벽기도회 드리는 것은 한국뿐이다. 꼭 그렇게 하는 것이 성경적이냐?" 그건 맞는 말일 수도 있다. 그러나 "새벽기도회 드리지 않는 외국 교회가 과연 성경적이냐?"에 대한 답은 무얼까?

우리의 신앙생활 지표를 성경말씀에서 찾아야지 외국 교회의 모습에 찾는 건 잘못이다. 성경에 "쉬지 말고 기도하라"는 가르침을 이행키 위하여 새벽시간을 택한 것으로 생각하면 된다. 성경에 있는 말씀을 믿고 따르려고 노력하는 것이 그리스도인의 당연한 의무다. 지금까지 새벽기도회에 참석을 못한 분이라면 장로 임직을 계기로 꼭 한번 이행을 해 보라. 놀라운 하나님의 은혜를 체험할 것이다.

② 온전한 헌금을 드려라

헌금은 그 사람의 신앙과 비례한다. 장로로 선임되기까지는 그만큼 믿음을 교인들로부터 인정 받았기에 온전한 헌금을 드려왔을 줄로 알지만 노파심에서 다시 말하거니와 헌금에는 장로가 최선을 다해야 한다. 설령 장로 임직예정자로 택함을 받기 전까지는 헌금을 적당히 드렸더라도 이제는 안 된다. 기장교회 목사님들은 헌금을 강조하지 않는 경향이 있다. 그러나 필자의 생각은 조금 다르다. '교인들이 알아서 하겠지' 하는 것보다도 계절헌금이나 건축헌금 등의 경우 제직회원에게는 예산의 목표는 알려주고 '교회의 중직자로서 내가 감당해야 할 몫이 얼마쯤인가?' 정도는 스스로 알도록 해줘야 할 것이다.

성전 건축을 비롯해서 교회는 온 성도들의 결집된 힘으로 현안사업을 해결해야 할 때가 있다. 그때 장로를 비롯한 교회 항존직에 봉사하는 분들이 헌금에 최선을 다하지 않으면 교회는 일을 할 수가 없다. 교인의 대표라는 장로가 지갑을 열지 않는데, 헌금할 교인들이 어디 있겠는가? 교인들은 장로와 함께 오랫동안 생활해 왔기에 장로가 바친 헌금이 최선을 다한 것인지, 아니면 체면 때문에 어쩔 수 없어 적당히 바친 것인지를 그냥 안다. 그렇기에 장로는 항상 최고액이 아닌, 최선의 금액을 바쳐야 한다.

가끔 보면 헌금에는 인색하면서도 말만 앞세우는 장로들이 있다. 이는 안 될 일이다. 바치기를 꺼리는 자신의 인색함을 감추려는 듯 최선을 다해 바친 헌금을 '기복신앙에 물량주의자'라며 찬물 끼얹는 장로도 있다. 헌금을 못하면 미안해해야 한다. 대학교수로 있는 타 교단 선배 장로 한분이 필자에게 항상 하는 말이 있다. 자신이 헌금에 모범을 보이지 못하는 자책감 때문에 자신이 당회에서 후배 장로에게 하는 말이란다.

"헌금을 적게 한 장로는 (당회에서) 말도 적게 하라. 헌금하기 어렵거든 (당회에서) 아예~ 말도 하지 마라."

듣기에 따라 좀 귀에 거슬리는 얘기 같지만 두고두고 새겨볼만한 말이다.

③ '믿음의 눈'을 갖도록 가르쳐라

교회 일은 믿음의 시각으로 처리해야 한다. 수의 논리로 교회 일을 해서는 안 된다. 이스라엘의 가나안 정복이 10:2의 숫자 논리가 아니라 2:10의 믿음의 논리에 가능했다는 사실에 유념해야 한다. 교인들 가운데는 소위 '민주주의 훈련'에 잘 길들여진 사람이 많다. 그러한 교인들이 제직회 때나 공동의회 때 손을 들고 "왜 민주적 방법을 택하지 않는가" 하고 항의할 때가 있다. 그때 장로는 교인을 향해 "교회는 민주주의보다 더 중요한 하나님의 말씀을 기초해서 가르치는 곳이다"라는 점을 잘 설득하기 바란다. 교회는 민주주의를 실현하는 도장이 아니라 하나님의 백성을 구원 시키는 구원의 방주다. 교회가 일을 처리함에 있어서는 피차에 은혜롭게 처리되어야 한다.

따라서 교회는 목사를 청빙하거나 장로와 권사, 안수집사 등을 세우기 위하여 법으로 정한 경우를 제외하고는 교회 일을 위하여 투표나 거수로 의사를 결성할 일은 아니다. 만약 투표나 거수로 결정을 할 경우 패한 쪽은 집에 가서 잠을 이루지 못할 것이고 그 쪽은 결국 교회 정책에 항상 반기를 드는 그룹을 형성하게 될 것이다. 아예 한쪽을 설득해서 양보를 얻어냈더라면 교회는 그런 파벌형성의 원인으로부터 벗어날 수가 있을 것이고, 교회는 평온을 유지할 수가 있을 것이다.

교회의 일은 철저히 믿음의 시각으로 처리하도록 교인을 가르치되 상호 충돌이 예상되는 경우 당회에 위임하든지 아니면 담임목사에게 맡기든지 해서 은혜롭게 처리하는 것이 좋다.

(4) 전도의 모범

필자가 장로로 임직을 한지 얼마 되지 않았을 무렵 광주교도소 간부로 부임해온 장로님 한 분이 계셨다. 그는 서울의 어느 교회 장로님으로 시무하다 광주로 발령을 받은 이후 광주에서 출석하는 교회가 자신을 협동장로로 임명을 하려하자 사양을 하면서 장로 증원에 필요한 20명을 전도한 다음에 그 결의를 받아들이겠다고 했다. 무슨 얘기냐 하면 협동장로이건 시무장로이건 장로는 교인 일정 수의 대표인데 그 대표성을 인정받을 수 있는 교인 수는 자신이 채워놓고 장로가 되겠다는 말이었다. 그분의 그 같은 신앙이 광주교계에서는 한 때 화제가 되기도 했다. 그 분은 서울의 교인들로 대표성이 된 자신이 또다시 광주에서 서울의 교인들로 대표성을 인정받을 수는 없다는 얘기였다. 광주에서 장로가 되려면 광주에서 필요한 20명을 전도한 다음에 장로의 직을 수락하겠다는 뜻이었다. 그 분은 오직 전도, 전도에 열을 올려 20명을 전도하고서야 그 교회 협동장로의 직을 수락했었.

한국기독교장로회 헌법에는 장로를 처음으로 세워야 하는 미조직교회는 세례교인 15명이 있어야 하고, 조직교회는 세례교인 20명당 한 명씩의 장로를 증원할 수 있다고 규정하고 있다. 이는 곧 장로는 세례교인 일정 수의 대표라는 의미다. 그러나 보다 적극적 의미는 장로는 장로의 선임 기준이 되는 세례교인 숫자만큼의 교인은 임직 이후 만들어야 하는 의무가 있음을 뜻한다. 즉, 일정 수의 세례교인 대표로 장로가 되었지만 그 장로는 이미 세례를 받은 교인들 덕에 장로로 세워졌으므로 이후에는 그 숫자만큼의 교인을 전도해야 한다는 것이다. 그것은 교회는 선교(전도)를 위해 필요한 기관이기에 교인 모두가 전도의 의무가 있는 이상 장로가 책임져야 할 전도의 숫자는 장로로 선임되어지는 조건 곧 15명이나 20명은 전도해야 하는 것이 마땅한 도리라는 얘기다. 앞서 본 광주교도소 한 간부의 신앙관도 그러한 적극적 의미의 해석에서 나왔으리라.

Section 04 기장, 기장교회를 사랑하자

한국기독교장로회가 지난 1953년 6월 10일 호헌총회로 새롭게 출범했을 때 소속된 교회 수는 546교회였다. 그리고 우리가 떠나온 뒤의 당시 장로교회(예장) 수는 1,200여 교회쯤으로 추산하고 있다. 우리 교단 출범 당시의 교세를 비교한다면 예장교회 수가 기장교회 수보다 두 배를 좀 넘었었다. 그로부터 55년이 흐른 오늘의 교세는 어떻게 바뀌었을까? 우리는 55년을 줄곧 '기장'이라는 이름 하나로 달려왔지만 예장은 갈라지고 또다시 갈라지는 이합집산을 거듭하면서 교회 수는 비교를 할 수 없을 만큼 성장을 해왔다. '대한예수교장로회'라는 이름을 쓰는 교단이 하도 많아 일일이 여기에서 다 거론을 할 순 없지만 통합측 교단만 해도 8,000교회를 넘었다고 자랑을 한지 오래고 개혁교단과 합병을 한 합동측 또한 10,000교회를 육박한다고 자랑한다. 두 교단 수만 합쳐도 20,000교회를 육박한다. 호헌총회 이후 우리는 기장교회의 부흥과 성장을 위하여 1986년에 '3,000교회 운동'을 부르짖었다. 그 당시의 우리 교단 교회 수는 1,046교회였을 때다. 1,046교회 가운데 장로를 세우지 못하는 미조직 교회가 460교회나 되었다. 우리가 새 역사를 쓰겠다면서 '기장'의 깃발을 치켜든 지 33년 만에 우리는 겨우 500교회 밖에 성장을 하지 못한 것이다. 여러분은 이 통계에서 무엇을 느끼는가?

"기장교회는 부흥을 하지 않는다 … ?" 이런 말에 우린 부끄러움을 가져야 한다. 물론 우리 교단이 어두웠던 역사의 현장에서 걸어왔던 고난의 영광을 부인하는 것은 아니다. 어찌 보면 그게 하나님의 뜻에 더 합당한 그런 길이었으리라. 잘못된 역사를 바로잡기 위해 예언자적 사명을 다하느라 수많은 교단소속 지도자들이, 그리고 교회들이 당했던 아픔 또한 우리 교단의 자랑거리다. 그러나 이제는 그러한 사회선교의 이슈가 줄어들었다면 우리도 선교의 방향을 새롭게 모색해 교회개척에도 힘을 기울여야 하지 않을까?

장로는 교회의 지도자일 뿐 아니라 노회와 총회를 봉사하기에 교단에 대한 애정도 가져야 한다. 기장교단을 사랑하고 기장교회를 성장시키는 책임이 우리 장로들의 어깨 위에 있음을 알자.

Section 05 나가며

한국교회의 급격한 성장 배경에는 목사의 지도력과 장로들의 목회협력이 절대적이었다. 특히 장로교회에서는 더 말할 나위없다. 따라서 장로는 교회 안에서 담임목사와 협력관계를 잘 유지해야 한다. 협력관계란 다른 것이 아니다. 목회의 전문사역자인 담임목사가 교회 일을 소신 있게 추진해 갈 수 있도록 담임목사에게 힘을 실어주고 화목한 가운데 당회 운영에 협조하는 것이다. 기장교회도 목회자에게 힘을 실어주는 장로들이 많아지면서 날로 부흥하고 성장해 가는 교회들이 늘어나기를 기대해 본다.

부록 B
섬기는 사람으로서의 장로 - 그 사례들

1. 기장의 첫 번째 여성 장로 – 대구수석교회 강정애 장로
2. 금필헌의 위대한 신앙 – 조선신학교 설립자 김대현 장로
3. 여권 신장에 앞장을 선 한국문단의 거두
    – 서울성남교회 김말봉 장로
4. 주님에게 이끌려 60년, 기독교여성운동의 지도자
    – 한국교회여성의 지도자 나선정 장로
5. 교회와 사회를 섬긴 충실한 일꾼 – 해남계곡중앙교회 서영범 장로
6. 목회자 자녀 학비 지원에 힘쓴 큰 나무
    – 밀알장학회 설립자 윤재경 장로
7. 신앙 위에 우뚝 선 민족 지도자 – 33인 민족대표 이승훈 장로
8. 나라와 겨레를 사랑한 영원한 스승 – 오산학교 교장 조만식 장로
9. 겸손으로 봉사한 신앙의 사표 – 한국유리 최태섭 장로

Section 01 기장의 첫 번째 여성 장로[※]
: 대구수석교회 강정애 장로

1953년 6월 10일 오후 2시 동자동에 있던 한국신학대학에서 기장총회는 새 역사 출범의 순간을 맞이했다. 기장여신도회도 6연합회(전북, 충남, 경북, 경서, 군산, 김제) 13명의 총대가 모여 새 역사의 문을 열었고 그 자리에서 강정애 회장을 선임하였다. 총회 이후 8월 20일, 군산 성광교회에서 열린 임원회에서 강정애 회장은 개회예배 설교를 하게 되었다. 그는 마태복음 9장 36절~38절을 본문으로 하여 "추수할 곡식은 많으나 일꾼이 없음을 탄식하고 최선을 다하자"라는 제목의 말씀으로 당시 분열과 세워짐의 어려운 상황 속에 있던 교회와 지도자들에게 힘을 불어 넣는 메시지를 전했다.

아래의 인용문은 기장의 새 역사 출범 시기에 교회여성들이 어떤 상황에 있었는지 보여주는 기록이다.

> "당시 여성들은 피난살이 속에 하루하루 먹거리를 걱정하며 가족들의 생계와 안전을 돌보기 바빴다. 그리고 신앙생활과 전도활동의 충실한 수행자로 살았지, 축자영감설, 에큐메니칼 등의 의미는 알지 못했으므로 교단 분열의 속사정을 알지 못했다. 당시 여전도회 지도자들의 증언을 보면 예장이니 기장이니 하는 분립된 교파로 우리들은 갈라질 의사가 전

[※] 이 내용은 기장여성들의 이야기 『교회의 어머니 세상의 어머니』 내용 중 일부를 정리한 것임을 밝힙니다.

혀 없었다고 한다. 오히려 "남자들은 갈라져도 우리 여자들은 가만히 있자"며 부정적인 입장이었으나 교단이 갈리니 교회, 집안, 고향을 중심으로 해서 갈라질 수밖에 없었다." – 여신도회60년사, 195쪽

이러한 상황에서 강정애 회장은 여신도회를 전국적으로 세워내는 일을 위해 힘을 쏟았다. 노회별, 지회별 조직을 꾸려내기 위해 실무자인 총무를 세워 전국을 순회하며 연합회를 조직하도록 하였다. 또한 교회가 아닌 개인 자격으로 연합회에 가입할 수 있도록 하는 등 회원 확보에도 주력하였다. 이듬해인 1954년 6월 10일에 모였던 총회 보고에 의하면 8개 연합회에서 36명이 참석하였고 연합회에 가입한 교회가 382지회, 회원이 1,040명이 되었다. 강정애 회장과 순회 총무는 분열되고 갈라진 장로교회들을 순방하면서 기독교장로회를 소개하고 여신도회 조직, 회원 계몽, 부흥회 인도, 성미를 가르치는 등의 노력을 기울였다. 그러한 노력의 결과, 1955년 총회 때는 1,040명이던 회원이 3,300명으로 증원되었다. 새 역사 출범 3년째인 1955년 총회가 되자 그동안 미 가입 상태였던 경기(서울지역), 강원지역까지 가입하여 여신도회는 더욱 활기를 띠게 되었다. 새 역사 출범이라는 변화된 상황에서 여신도회는 강정애 회장을 비롯한 임원진의 헌신적인 활동으로 서서히 자리를 잡아갈 수 있었던 것이다.

강정애 장로는 경북지방에서 교회를 섬기면서 1957년 5월 대구 수석교회에서 기장 여성장로 제1호로 안수를 받았다. 그 해 강장로는 교단 총회 총대로 참석하여 부녀부장이 되었고 여목사 제도를 헌의하는 등 교단총회의 일원으로 능동적인 활동을 전개해 나갔다. 또한 여신도

회 경북연합회의 회장으로 1957년 여신도회 22회 총회부터 31회까지 9년간 부회장직을 맡아 여신도회를 위하여 헌신하였다. 기장 교단 제1호 여성장로로서 강정애 장로는 첫 여성 노회장이 되었고(경북노회) 여러 기관(기독교방송, 기독교서회)과 학교(한국신학대학, 한남대학교, 연세대, 이화여대)에 교단파송이사를 역임했으며, 남성이 절대 다수인 상황에서 여성으로서 그 역할을 감당하였다.

강정애 장로는 여성지도자 양성을 위해 베다니평신도학원을 설립하여 교회여성들의 교육과 훈련을 위해 힘을 썼고, 봉사부를 사회부로 개칭하는 등 여신도회의 기구를 개편하여 새로운 면모를 갖출 수 있도록 도왔다. 기장 여신도회는 강장로가 드린 헌금을 기반으로 1973년 4월 기독교회관에 12.35평을 매입하고 여신도회의 사무실을 개설할 수 있게 되었다. 강정애 장로가 헌신하던 시기에 여신도회는 안정적으로 운영과 사업을 위한 기반을 갖출 수 있었다.

기장 여신도회를 반석위에 올려놓은 참된 하나님의 일꾼, 재물은 하나님이 맡겨주시는 것이라는 믿음으로 주의 사업을 위해 아낌없이 드리고 헌신했던 기장의 첫 번째 여성 장로, 강정애 장로의 노고는 이루 다 헤아릴 수 없는 것이라고 기록되고 있다.

Section 02 금필헌의 위대한 신앙
: 조선신학교 설립자 김대현 장로

금필헌(金必獻). 이는 조선신학원(현 한신대학교)를 설립한 노석(老石) 김대현(金大鉉) 장로가 즐겨 쓰는 문구다. 우리말로 풀어쓰면 '반드시 하나님에게 드려야 할 돈' 정도로 해석할 수 있다. 노석과 함께 조선신학원 설립에 힘쓴 장공 김재준 목사는 김대현 장로의 비문에 이렇게 적었다.

> "장로님은 성품이 대범, 과묵하시되 매사에 임하여서는 태산 같은 부동의 신념으로 시비를 가리셨으며 평생의 축재를 신학교육기관에 봉헌하므로 전적 헌신의 모범이 되셨다. 일제의 탄압으로 평양신학교가 폐교된지 2년째 되는 1939년에 장로님은 한국교회를 위한 새로운 교역자 양성의 중요성을 절감하시고 재산을 희사하여 현 한국신학대학의 전신인 조선신학원을 설립하시고 초대원장으로 취임했다. 장로님은 '금필헌(金必獻)'이란 명의로 십일조 헌금을 성별하여 교회와 신학교 사업에 봉헌하셨으며 평생 이를 엄수하여 일시도 어긴바 없으셨다."

노석 김대현 장로는 1876년 경상북도 영일군 신광면 상읍리에서 광산 김씨 가문의 진사였던 김재린의 다섯째 아들로 태어났다. 이 해는 우리나라가 일본과 강화도 조약을 맺고 문호를 개방하던 시기였다. 그는 어려서부터 서당에 다니면서 한학을 배웠다. 이어 나라에서 세운 관립의료학교를 수료했다. 그리고는 첫 관직으로 효릉참봉에 올랐다. 그의 나이 25세 때였다. 그러나 당시는 이미 국운이 기울어 일본이 호시탐탐 조선을 빼앗으려는 갖가지 간계가 한창 무르익는 상황에서 일본의 내정간섭과 친일파들의 책동이 판을 치는 상황이었다.

입신양명의 큰 뜻을 관직을 통해 이뤄보려던 노석의 꿈은 산산이 부서졌다. 혼탁한 관계에 더 이상 머무를 수 없다고 판단을 한 노석은 관직을 벗어던지고 낙향해 버렸다. 그리고 고향에서 초등학교 등에서 교육활동에 전념을 했다. 1910년 8월, 나라가 일본에 주권을 빼앗기자 노석은 민족의 장래에 대해 심각한 마음으로 고민하기 시작했다. 게다가 아들이 돌림병으로 생명의 위협을 받게 되자 그는 엄청난 시련 앞에 몸 둘 바를 몰랐다. 4남 1녀의 자녀들이 홍역으로 생명을 위협받고 있었다. 그는 할 수 있는 방법은 모두 동원했다. 정화수를 떠놓고 치성도 드려봤고 주변에 유명한 의사를 찾아 생명을 구걸하기도 했다. 그러나 아무런 효험이 없었다. 끝내 두 아들이 이승을 떠나자 노석은 인생에 대한 심각한 회의에 빠졌다. 도대체 인생은 이렇게 허무한 것인가?

고민을 거듭하던 노석의 뇌리에 언젠가 장터에서 무슨 책을 팔면서 외치던 낯선 사람의 소리가 떠올랐다. "주 예수를 믿으라. 그리하면 너와 네 집이 구원을 얻으리라(행 16:31)." 쪽 복음을 팔면서 전도에 나선 권서(勸書)의 목소리를 기억해 낸 것이다. '너와 네 집이 구원을 얻으리라'는 말씀에서 그는 한 줄기 희망을 보았다. "옳다! 바로 이것이구나." 무릎을 친 노석은 홍역에서 살아남은 영철, 영환 두 아들의 손을 잡고 교회로 나갔다.

바로 그 시각, 노석의 어머니가 집에서 낮잠을 자다 꿈을 꾸었다. 어린 아이들이 집 대문을 들락거리는데 흰 옷을 입은 장정 세 사람이 들어

오는 꿈이었다. 꿈에서 깨고 얼마 있자니 교회에서 돌아오는 노석이 두 아들의 손을 잡고 대문을 들어서면서 "오늘부터 예수님을 믿기로 작정 했습니다"라고 하는 게 아닌가? 노석은 조상 대대로 내려오던 유교적 법도와 관습을 다 치워버리고 철저한 신앙인으로 변신하기 시작했다. 1913년 노석의 나이 35살 되던 해였다.

노석은 말씀을 따라, 말씀에 의한 삶을 살기 위해 최선을 다했다. 사람들의 평가에 의한 삶보다는 하나님 뜻에 맞는 하나님 중심의 삶을 살기위해 발버둥쳤다. 철저한 청지기적 삶이었다. 나의 모든 것, 곧 소유나 시간, 재능, 그리고 생명까지라도 그것은 나의 것이 아닌 하나님의 것이었다. 따라서 이 모든 것은 그 주인에게 반드시 감사와 함께 돌려드려야 한다고 생각했다. 여기에서 노석의 '금필헌(金必獻)' 신앙이 싹을 틔우게 된 것이다.

노석이 예수를 믿은 지 8년 뒤 고향을 떠나 서울로 향했다. 오래 전부터 갖고 있던 사업에 대한 꿈을 이뤄보기 위해서였다. 그는 남다른 역사의식과 사업을 내다보는 눈으로 광산업(鑛産業)에 손을 댔다. 노석의 사업에 대한 예견은 적중했다. 그는 광산업을 통해 큰 재산을 모으게 된다. 이른바 민족자본가의 대열에 끼일 만큼 큰 재력가가 된 것이다.

그러나 그는 그가 다니던 서울승동교회에서 전개되는 한국교회의 여러 상황을 보고 크게 실망한다. 1935년 한국선교 50주년을 기념하는 희년 잔치가 하나 된 모습으로 치루지 못하고 지역주의와 파벌주의에 휩쓸려 이합집산을 거듭하는데다 신학의 차이로 인한 대립과 갈등이 사람들의 비난거리가 되자 노석은 뭔가 큰 결심을 하게 된다.

노석은 1939년 장로임직 15주년을 맞이하여 재산을 정리했다. 영철,

영환 두 아들과 맏손자, 아내와 자기까지 포함해서 재산을 다섯 사람의 몫으로 나눴다. 그리고 자기 몫으로 된 50만 원을 전부 신학교 설립기금으로 내 놓았다. 당시 50만 원은 미화로 치면 30만 달러에 해당한다. 오늘날의 환율로 따지면 큰 금액이 아닐지 모르지만 당시의 사회 재산 가치로는 엄청나게 큰돈이었다.

평양신학교가 신사참배 문제로 문을 닫고 교계의 지도자들마저 말씀과는 거리가 먼 모습을 드러내는 상황에서 노석은 대형교회인 평양 산정현교회를 사임하고 식민지하의 헐벗고 굶주린 백성을 위해 성빈(聖貧)학사를 세우고 구제 사업을 펼치는 송창근 목사를 만난다. 송창근 목사의 이런 모습에서 한국교회의 이상을 본 그는 자신의 신학교육에 대한 비전을 설명했다. 이에 감동한 송창근 목사는 북간도 용정촌에서 후학을 가르치는 김재준 목사를 소개했다. 노석은 1939년 7월 27일, 김재준 목사에게 장문의 편지를 띄웠다. 선교사들의 도움을 받지 않는 조선 사람에 의해 운영되는 신학교 건립의지가 있는지를 간곡히 묻는 편지를 보낸 것이다. 이에 김재준 목사가 흔쾌히 뜻을 같이함으로써 조선인 자본에 의한 최초의 조선신학원이 탄생한 것이다.

이로써 노석 김대현 장로는 생애 마지막을 조선신학원 설립에 바쳤다. 마치 농부가 밭에 묻혀있는 보화를 발견한 후 전 재산을 팔아 그 밭을 사듯이(마 13:45-46) 그는 전 재산을 털어 제대로 된 신학교육을 해보고자 온 몸을 불사른 것이다. 노석은 평소에 비록 작은 것일지라도 그것은 곧 하나님의 것이기에 소홀히 하거나 낭비하지 않는 사람이었다. 반면에 큰 것도 그것이 하나님이 원하시고 주님의 영광을 드러내는 일이라면 아낌없이 하나님에게 바치는 큰 인물이었다. 이 같은 사실은 김재준 목사가 쓴 김대현 장로의 비문에서도 확인할 수 있다. 그는 하나님이 주신 것을 적극 활용하여 큰 이익과 열매를 거두는 충성된 청지기일 뿐 아니라 그것을 어떻게 써야할지 그 쓸 방법까지를 잘 알아 그대로 행했던 지혜로운 청지기였다. 돈을 소중히 여기되 돈을 사랑하지 않고 그것을 통해 제대로 된 하나님 나라의 일꾼을 길러보자는 게 노석이 꿔온 꿈이었을 것이다. 그는 누구보다도 많은 돈을 소유했으나 돈의 노예가 되지 아니하고 그 돈을 통해서 미래에 이뤄질 하나님 나라의 보물을 비축한 크나큰 인물이었다.

Section 03 여권 신장에 앞장을 선 한국문단의 거두
: 서울성남교회 김말봉 장로

김말봉 장로는 우리나라 개화기의 소설가다. 그는 1930년대 풍미했던 순수문학의 장르를 뛰어넘어 대중소설이라는 새로운 문학사를 써낸 걸출한 인물이다. 1935년 동아일보에 〈밀림〉이, 1937년 조선일보에 〈찔레꽃〉이 각각 연재되면서 폭발적인 인기를 얻었던 김말봉은 우리사회에 '대중소설'이라는 새로운 패턴을 형성시킨 한국 문단의 거두다. 그는 소설을 통하여 여성의 권익향상과 해방을 부르짖었고 사회 개선을 이끌었다. 광복이후 여성인권의 사각지대인 공창(公娼)을 없애는 일에 앞장을 섰고 여성안수 등 교회 내의 여권 신장에도 관심을 기울였다. 활달한 성격의 소설가 김말봉에게는 젊은 문학도들이, 그리고 여성운동가들이 따라다녀 그의 자택은 항상 문전성시를 이루었다.

김말봉은 1901년 4월 경남 김해에서 딸만 넷을 둔 집안에 막내딸로 태어났다. 막내라는 의미에서 끝 말(末), 봉우리 봉(峰)자를 써서 말봉, 곧 '끝뫼'라는 이름을 얻었다고 한다. 그는 선교사에게 전도를 받고 신앙생활을 해온 어머니의 영향으로 어려서부터 교회에 나갔다. 부산으로 나가 일신여학교에 다니면서는 초량교회를 다녔다. 서울의 정신여학교를 졸업하고 황해도 재령의 명신여학교 교원으로 잠깐 근무한 김말봉은 1920년 일본으로 건너가 동지사대학(同志社大學) 영문과를 졸업했다. 귀국하여 중외일보 기자로 취직, 글을 쓰는 직업과 인연을 맺었다. 김말봉은 기자로서 쓴 탐방 기사나 수필이 주위의 많은 호평을 얻게 되자 문학 활동에 눈을 떴다. 그가 처음 쓴 소설인 〈망명녀〉가 중앙일보의 신춘문예 단편소설 부문에 당선되면서부터 그는 본격적으로 대중소설 집필에 몰두하게 된다.

동아일보와 조선일보에 차례로 쓴 연재소설 〈밀림〉과 〈찔레꽃〉이 잇따라 히트하면서 당시 순수문학과 현실 참여의 당위성 등의 문제로 혼미하던 문단에 새로운 파문을 일으켰다. "너무 대중적이다. 통속적이다"라는 이유로 반발도 컸다. 그러나 그는 순수문학에 집착하는 아류을 향해 "순수귀신아 물러가라. 나는 대중소설가다"라면서 떳떳한 태도로 자기 작품에 대한 긍지를 가지고 작품 활동을 계속했다.

그는 통속소설로 문단에 등장한 최초의 여성작가이자 신문에 대중소설을 장편으로 연재, 신문 독자 증가에 성공을 거둔 최초의 여성작가라는 두 개의 타이틀을 안았다. 그는 문단 데뷔이후 1961년 2월, 61세의 나이로 세상을 떠날 때까지 장편소설 25편, 중편소설 1편, 단편소설 100여 편, 시 2편, 수필 34편, 평론 4편 등 30여 년간의 작가생활 동안 많은 작품을 남겼다.

김말봉의 작품은 인간의 욕망과 애정문제를 다루면서 그 속에서 여성의 자유와 해방을 부르짖는다. 그의 데뷔작 〈망명녀〉는 성매매여성과 친구간의 이야기를 통해 휴머니티를 다뤘고 〈화려한 지옥〉은 공창 폐지의 당위성을 유도하기 위해 몸부림치는 여 주인공의 수난적인 이야기를 그리고 있다. 또한 6·25 전쟁과 여성이 겪는 고난을 그린 소설 〈어머니〉를 집필하기도 했다.

김말봉은 8·15 해방 후에 사회개선 운동에 앞장섰다. 소설의 장르는 독자의 흥미를 끄는 대중소설이었지만 그가 지향하는 목표점은 기독교적 정신에 있었다. 가난한 사람과 부유한 사람을 대조시키고, 누리는 사람과 짓밟히는 사람의 관계에서 항상 가난하고 짓밟히는 사람에게 관심의 시선을 보이며 따뜻한 여성주의적 승리를 말하고자 했다. 따라서 사회에서 지탄받는 대상이 왜 그렇게 될 수 밖에 없었던가를 사회적인 측면에서 다루고 있으며 고난을 극복하는 인도주의적 사상을 그 근본 바탕으로 하고 있다. 소설가 김말봉은 항상 사회적 약자인 여성들의 대변자였다.

김말봉은 부산 동래교회의 피아노 반주자였던 딸이 동래여고 음악교사 금수현과 결혼하게 되자 사위에 대한 사랑이 각별했다. 그는 사랑의 표시로 정성스레 시 한편을 써서 사위에게 작곡을 부탁했다. 금수현 또한 장모의 시에 심혈을 기울여 곡을 붙였고 그 노래가 지금도 널리 불리는 가곡 '그네'다. 또 한신대 교수를 역임했던 정하은 박사도 김말봉 장로의 사위다.

김말봉 장로는 부산에서 작품 활동에 한창 열을 올릴 때 일제가 조선어 말살 정책을 펴자 절필(絶筆)을 선언한다. 8·15 해방 직전 그는 서울로 올라왔고 해방이 되자 만우 송창근 박사와 함께 성남교회(당시는 바울교회) 창립에 힘을 쏟았다. 교회설립위원으로 창립예배를 주도하고 충실히 봉사했다. 교회는 창립 당시부터 여성에 대한 문제를 살피기 위해 상비부서에 '여성부'를 두고 김말봉 당시 집사를 여성부장에 임명했다. 성남교회의 출발에 김말봉 장로의 조언이 컸음을 보여주는 대목이다.

그는 작품에서 부르짖던 여성 해방운동에 나섰다. 성남교회를 중심으로 공창폐지투쟁위원회를 조직하고 위원장을 맡았다. 먼저는 성매매 여성들의 생활개선을 주도하고 사회적 통념타파를 위한 실질적인 대책도 마련했다. 또한 공창폐지에 관한 법률을 국회에서 만들도록 압력을 행사해 공창을 제도적으로 추방하는 데 성공했다. 아울러 그는 육아시설인 '박애원'을 설립, 오갈 데 없는 고아들의 뒤를 보살피기도 했다.

김말봉 장로는 여성 안수에도 많은 관심을 기울였다. 1946년 서울 승동교회에서 열린 장로교 남부총회가 '여성 안수' 문제는 남북통일이 될 때까지 시간을 두고 보류키고 결의하자 당시 여권운동의 선구자였던 유각경, 김필례, 신애균, 신의경, 김성무 등과 함께 여전도 대회(오늘의 여신도회 전국연합회)를 소집, 여성안수직 헌의를 재확인하고 각 교단 총회를 찾아다니면서 여성 안수의 필요성을 호소했다. 이러한 결과 한국기독교장로회 총회는 1956년 여성 장로 안수는 곧장 시행하되 목사 안수문제는 계속 연구키로 하고 뒤로 미뤘다. 이에 따라 이듬해인 1957년부터 기장교단은 장로교로서는 최초로 5월 14일에는 대구 수석교회가 강정애, 이혜경 장로를, 12월 8일에는 서울성남교회가 김말봉 장로를 각각 세우게 된다. 이들은 우리나라 장로교 최초의 여성 장로들이다.

강원룡 목사는 그의 자서전(빈들에서 2)에서 우리 기장이 여장로 제도를 도입하게 된 과정을 이렇게 소개했다.

"여권운동의 선구자들이었던 유각경, 김필례, 신애균, 김말봉, 신의경, 김성무 등이 여성 장로직의 설정을 요구했는데 기장총회는 1956년 5월 기구개혁위원회를 만들고 내가 위원장이 되어 여성 안수 등에 대한 법률을 검토하여 '여자는 장로와 목사가 될 수 없도록 규정한 헌법조문이 불합리한 성차별에 근거한 것이니 고치자'는 안을 내놓았으나 총회는 여성

안수 문제가 아직 시기상조라는 사회분위기에 우선 장로 안수를 시행하면서 목사 안수 문제는 계속 연구하기로 하여 결국 18년이 지난 1974년에야 가결될 수 있었다."

김말봉 장로는 성남교회 함태영 명예목사가 부통령에 출마하자 전국 여성대표의 자격으로 선거운동에 나서 함태영 목사를 크게 도왔고 당선이 된 후에는 대한부인회 전국회장에 피선되어 여성들의 사회진출에 크게 기여했다.

Section 04 주님에게 이끌려 60년, 기독교여성운동의 지도자※
: 한국교회여성의 지도자 나선정 장로

나선정 장로는 기독교여성운동에 헌신했던 교계의 지도자이다. 그는 신학교에 보내주면 여성들을 위해 일하겠다고 서원한대로 60여 년의 시간동안 일생을 바쳐 기독교여성운동에 헌신하였다.

나선정 장로는 스스로를 '교량이며, 전령자며, 유행사'라고 표현했다.

> "나는 교량(橋梁)이다. 이곳과 저곳의 거리를 좁히기 위해 단절된 구렁텅이에 다리를 놓아야 한다. 둘째, 나는 전령(傳令)자이다. 동쪽의 소식을 서편에 전하여 새로운 성취를 기뻐하게 해야 한다. 셋째, 나는 유행사(流行士)이다. 유행에 민첩한 여성들에게 차원 높은 것을 신속히 전해줘야 한다. 그래서 인류에게 공헌하는 삶에로 체질화되게 해야 한다."
> – 기장여성들의 이야기『교회의 어머니 세상의 어머니』123쪽에서 인용

나장로는 여신도회 전국연합회를 통하여 여신도회와 교회와 목회자 간의 거리를 좁히고, 단절된 곳에 다리를 놓기 위해 현장에서 발로 뛴 조직가이자 운동가였다. 또한 변화에 민감한 여성들에게 보다 전문적인 지식과 정보를 연결해주어 여신도회만이 아니라 교단이 생명문화

※ 이 내용은 기장여성들의 이야기『교회의 어머니 세상의 어머니』와 나선정 장로의 회고록『주님께 이끌려 60년』의 내용 중 일부를 정리한 것임을 밝힌다.

로 인류에 공헌하는 삶을 살아가도록 하는 데 기여하였다. 1974년 여목사제 통과와 교단 내 결의기구에 여성 참여 비율을 높이고, 여성의 지위 향상과 여성 스스로 신학할 수 있는 토대를 놓기 위해 헌신하였다. 그가 일생을 바쳐 일구어 온 기독여성운동은 교단 신학의 지평을 넓히고 교단의 위상을 높이는 일이었으며, 더 나아가 다른 교단(예장여전도회)의 여목사와 여장로를 만들어 내는 일에도 영향을 끼친 운동이 되었다.

1970년대 군사정권의 유신체제에 굴복하지 않고 저항한 도시산업선교회와 기독학생들의 행동, 이어진 성직자와 학생의 구속 등 인권탄압의 상황은 교회의 사회참여운동을 불러 일으켰다. 기장교단과 함께 여신도회는 이 저항운동에 동참했다. 엄혹했던 시절, 기장여신도회전국연합회의 사무실이었던 기독교회관 301호는 구속자 가족들의 만남의 장이었다. 당시 순회총무였던 나장로는 구속자 가족을 돕기 위한 모금과 더불어 각종 고난의 현장에 함께 하며 탄원서와 성명서등을 통해 적극 참여하였다. 나선정 장로는 민주화운동, 인권운동의 한복판에서 고난의 대열에 앞장섰다.

기장여신도회를 위한 나선정 장로의 헌신과 노력은 지금도 지울 수 없는 족적으로 남겨져 있다. 그는 오직 교회여성을 위한 일에 온 삶을 바쳤다. 지금도 여신도회가 전개해 나가고 있는 기독교 가정 내일을 위한 운동, 생명문화 창조 운동, 기독교어버이 운동, 옥합 운동, 평화통일 기도 잇기 운동, 에스디기도 운동, 금식선교 운동들은 나장로가 여신도회와 함께 시작했고 정착시켜나간 운동들이다. 이러한 운동은 여신도회 뿐 아니라 교단을 새롭게 하기 위한 운동이기도 했다.

교회여성들을 위한 일에서는 조직가로서의 면모가 두드러졌다. 나

장로는 여장로회와 한신여동문회, 장로교 여성협의회, 교회 일치 여성협의회, 한국여교역자회 연합, 한·재일 여성 선교회, 한·일 NCC 여성위원회, 한국 여장로회 연합회 등 수 많은 여성들의 조직을 만들고 그 조직을 통해 일을 진행시켜나갔다. 특별히 1982년부터 1985년까지 여신도회 총무의 직을 감당하던 시절, 한국기독교 100주년 기념사업 여성분과를 조직하여 20개 교단 4개 여성단체가 7개 위원회와 20개 분과를 두고 활동하도록 하였으며, 약 7천만 원을 모금하여 사업을 추진할 수 있는 재원을 마련하였고, 기독교100년사 "여성 깰 지어다, 일어날 지어다, 노래할 지어다"를 발간하기도 하였다.

교회여성운동에서 조직의 자립은 매우 중요한 문제였다. 나선정 장로는 평생 동안 모금을 사명으로 여길 만큼 여신도회와 여성조직을 위한 기금조성에도 힘을 쏟았다. 그는 기장 여신도회를 위한 기금과 장학기금 등의 조성을 위해서 노력하였고, 여신도회 100주년 기념사업으로 여신도회 회관을 갖기 위해 3년간 모금을 진행하여 약 39억 원을 모금하였다. 이 모금액으로 총회가 아카데미하우스를 마련하는데 36억의 지분으로 공헌하였다. 1987년에는 여교역자협의회 총무로 일하면서 여교역자들의 사무실 마련(한국기독교연합회관 30평)과 운영을 위한 터를 닦았다.

나선정 장로는 2000년에 발족된 여장로회 연합회 초대회장을 역임하며 재일동포 여성들의 지위 향상과 그들의 자녀들이 모국을 알도록 하는 일에도 관심을 기울였다. 또한 365일 한반도의 통일을 위해 기도하는 운동을 시작하고, 새터민을 위한 일에 오늘날까지 헌신하고 있다. 재일대한기독교협회 건축헌금, 여성회가 운영하는 요양원 건축헌금, 서

지방회가 지은 기독교회관 건축기금 뿐 아니라, 북한의 나진지역 학생들을 위한 컴퓨터학원, 간호학원 설립 지원과 고아들을 위한 모금을 진행하였으며, 동남아시아지역의 선교에도 힘을 쏟았다(베트남 라이따이한의 자립지원, 캄보디아에 우물 파주기 등).

교회여성들의 지도자로서 나선정 장로는 교단 총회에서 여성의 지위 확보를 위해서도 적극적으로 활동했다. 선교교육위원회와 교회와사회위원회에서 위원과 부위원장으로 활동하였으며, 신도부장과 신도위원장을 맡아 봉사했다. 또한 회관 건축위원, 25주년 행사위원으로, 아카데미하우스 운영위원 등을 통해 총회를 섬겼다. 2015년 교단 100회 총회에서 여신도회를 대표해서 감사패를 받았으며, 한신대학교 80주년에 한신상을 수상하였다.

나선정 장로는 본인의 회고록 『주님께 이끌려 60년』에서 쉼 없이 헌신하며 달려온 일생을 돌아보며 모든 것이 하나님의 은혜였음을 다음과 같이 고백하고 있다.

"삼천리 금수강산을 누비고 다닌 나의 발자취, 주님의 지혜로 인도해주신 그 많은 일과 사업들, 이 모든 사업들은 하나님의 능력에 덧입힘임을 고백하며, 나는 다시 태어나도 이 일을 하리라 다짐한다."

Section 05 교회와 사회를 섬긴 충실한 일꾼
: 해남계곡중앙교회 서영범 장로

"80여 평생 나는 험난한 세월을 살았다. 여섯 살이 되어 아버지와 생이별을 하고 편모 슬하에서 어린 동생과 낮에는 산에 가서 나무하고 밤에는 서당에서 한문을 배워 겨우 무식을 면했다. 서른 한 살 되던 해 어머님을 따라 예수를 믿었고 이후 집사, 장로가 되어 교회와 이웃을 섬기는 일에 최선을 다했다. 앞으로 내가 살면 얼마나 더 살겠느냐? 육성으로 남기는 이 말을 유언으로 알고 너희들이 자손 수천 대 믿음으로 승리하는 가정들이 되길 바란다."

이는 전남 해남계곡중앙교회 서영범 장로가 결혼 60주년, 곧 환혼(還婚)예배를 드리면서 자손에게 부탁한 말이다. '해남의 간디'라는 별칭을 얻을 정도로 지역사회의 신망이 두터웠던 서영범 장로는 한평생 교회와 지역사회, 교역자의 목회를 돕는 일에 헌신했다.

서영범 장로는 자신의 환혼예배를 앞두고 교회 앞에 대대적인 광고를 했다. 그리고는 "빈손으로 오지 말고 조금의 부조금이라도 갖고 오라"고 했다. 그 성격으로 볼 때 이상하다 생각한 교인들도 하도 부조금을 강조하는 바람에 모두가 부조금을 가지고 참석했다. 예배 후 인사말을 통해 서영범 장로는 이렇게 말했다.

"오늘 여러분이 저를 위해 내주신 축하금과 물품은 모두 교회에 바치겠습니다. 이것을 가지고 목사님 사택 수리비로 쓰겠습니다. 목사님 사택이 너무 낡아 진즉부터 손보려 했으나 재정이 없어 못했는데 오늘 저에게 주신 부조금으로 목사님 사택 수리는 이제 걱정하지 않아도 되겠습니다."

그렇게 해서 그날 들어온 모두를 교회 회계집사에게 전했는데 문제가 생겼다. 막내며느리가 정성껏 해온 이불 때문이었다. 교회가 이불만은 되돌려 드리려 했으나 서영범 장로가 한사코 거절했다. 교회가 하도 권하자 서영범 장로는 "너희들이 이불 값을 교회 회계집사에게 치르고 갖다 주면 덮겠다"고 해서 자녀들이 이불 값을 내고 해결했다.

1886년 12월 6일 해남군 계곡면 월암리에서 태어난 서영범 장로는 아버지의 방랑벽 때문에 어려서부터 모진 고생을 했다. 갑자기 집을 나가 연락을 끊고 살던 아버지는 다시 나타나 술주정을 하며 행패를 부리다 돈을 가지고 다시 나가는 등 그 행패는 이루 말로 할 수 없었다. 그런 상황에서 고생하던 어머니가 어느 날 마을 월암교회에 나가시면서부터 삶에 활력을 되찾고 기쁨의 생활을 하자 이를 본 아들 영범이 어머니를 따라 교회를 나가게 되었다.

어머니와 신앙생활을 열심히 하고 있을 때 아버지가 돌아왔다. 예전과 별로 달라진 게 없었던 아버지는 전에는 차갑게 대한 가족들이 반갑게 대하는 집안 분위기에 놀랐다. 가족들은 "예수를 믿는다는 이유로 아버지가 행여 핍박하면 어쩌나?" 하며 가슴을 졸였고 아버지는 선에 볼 수 없는 가정 분위기가 예수를 믿기 때문이라는 사실에 심각한 고민을 하기 시작했다. 그런 상황에서 아버지는 가족들이 모두 교회에 나가고 없는 어느 주일날 자신도 교회에 나가 맨 뒷좌석에 앉았다.

'술주정뱅이 호랑이 영감'으로 불리는 사람이 교회에 나오자 가족들은 물론, 교인들도 무슨 큰일이라도 나지 않을까 걱정을 했다. 그러나 예상과는 달리 순한 양처럼 끝까지 예배를 드리자 가족과 교인들은 안도의 한숨을 내쉬었다. 그리고 예배를 마치자 아버지는 교인들이 지켜보는 앞에서 "예수를 믿으면 새사람이 된다니까 나도 오늘부터 예수를 한번 믿어 볼란다"라며 교회 나온 이유를 설명했다. 이때가 1919년, 그의 나이 60세 때였다.

늘그막에 예수를 영접한 아버지 서중찬은 어찌나 열심히 예수를 믿었던지 입교 6년 만인 1925년 장로로 임직했다. 아버지의 뒤를 이어 아들 영범도 3년 뒤 장로가 되었다. 방랑벽으로 이름이 난 아버지 때문이었을까? 아들 서영범 장로는 모범적인 신앙생활로 교회와 교인들의 존경을 한 몸에 받았다. 주일성수와 십일조 생활, 교역자를 섬기고 받드는 일에 최선을 다했다. 주일을 지키는 일에는 머슴들까지도 온전히 쉬게 하는 등 철저했다. 주일에 갑자기 비가 쏟아져 밭에 나가 낟가리를 추스르는 머슴에게 불호령이 떨어졌다. "농사를 잘못하면 1년을 망치지만 신앙이 잘못되면 일생을 망친다"라며 주일에는 그 어떤 일도 하지 말고 성경말씀대로 안식을 취하라고 했다.

서영범 장로는 농사꾼으로서의 자질도 훌륭했다. 농한기라는 말이 없을 정도로 사시사철 바쁘게 움직였다. 겨울에는 겨울대로, 여름에는 여름대로 새로운 영농방법을 연구하고 개발하는 영농 전문가였다. 그리고 그의 이런 영농방법 개선은 마을과 지역사회, 그리고 이웃 마을 등 원하는 곳이면 어디든 찾아다니면서 가르쳐주고 지도했다.

서영범 장로의 이러한 처신으로 그에 대한 지역사회의 신뢰는 대단했다. 사소한 일이라도 서영범 장로와 상의를 했고 서로 간에 다툼이 나도 서영범 장로를 찾았다. 서영범 장로는 자신들과 상의하는 모든 사람에게 이웃 간에 조금씩 양보해서 화합하고 덕을 스스로 세우는 쪽으로 마무리를 했다. 따라서 서영범 장로는 지역사회는 물론 해남 군내에서도 덕망 높은 지도자로 각광을 받게 되었다.

그러한 서영범 장로에게 해남군수가 찾아왔다. 군수의 부탁은 공석 중인 마산면(월암리가 당시는 마산면 소속이었다) 면장 직을 맡아달라는 것이었다. 서영범 장로는 곰곰이 생각을 하다가 조심스럽게 입을 열었다. "군수님의 배려는 고맙지만 저는 면장을 할 수가 없습니다." 놀란 군수가 그 이유를 물었다. 그는 담담하게 이렇게 말했다. "저는 교회 장로입니다. 공직을 맡다보면 주일에도 나가 일할 터인데 그건 안 됩니다. 주일성수는 교인의 기본 의무입니다."

1945년 8·15 해방을 맞자 일본인들 재산은 모두 적산(敵産)으로 처리해 국고에 귀속되거나 관련자의 차지가 되었다. 당시 서영범 장로는 20년 넘게 일본인과 함께 동업해 오던 정미소가 있었는데 그는 이 정미소를 적산으로 돌려 국고에 귀속시키고 말았다. 그 이유는 "일본인 재산이 단 얼마라도 포함됐다면 그건 국가로 돌려야지 내 것으로 삼을 순 없다"는 것이었다. 만약 내 소유로 돌린다면 그건 남의 것을 훔치는 격이라는 신념에서였다. 인근 정미소 등을 관련자가 다 차지해 버리는 상황에서 서 장로의 그런 결단은 빛났다.

그는 목회 협력자로서의 장로 역할에도 최선을 다했다. 그리고 목회자에 대한 예의도 정중했다. 동광교회 김인호 원로목사의 증언이다.

"제가 한신을 졸업하고 전도사로 갔던 1957년쯤으로 기억됩니다. 아들 같은 전도사를 얼마나 정중하게 대하시든지 몸 둘 바를 모를 때가 많았습니다. 그리고 신앙생활에는 항상 앞장을 서서 도와주셨습니다."

김인호 목사의 증언을 통한 서영범 장로의 교회 섬기는 모습도 독특했다.

당시 스무 마지기의 벼농사를 지으시던 서영범 장로는 추수감사헌금 때 회계집사와 여신도회장을 들판으로 불러 제일 잘된 논 두마지기를 고르라고 했다. 그리곤 그 벼는 베어서 모두 교회 앞마당에 가져다 말리게 한 뒤 벼와, 벼를 훑고 남은 볏짚까지 모두 교회에 바쳤다.

또 성전건축을 앞두고 염려하는 김인호목사에게 서영범 장로는 다음처럼 말했다.

"목사님은 아무 염려마시고 목회와 기도하시는 일에만 전념하세요. 건축 헌금이 모자라면 그 부족한 돈은 장로인 제가 다 내겠습니다."

예상대로 건축비가 모자라자 서영범 장로는 자신의 임야를 모두 팔아 성전을 완공시켰다. 서영범 장로는 교인의 대표인 장로의 역할이 무엇인지를 몸으로 실천한 산 지도자였다.

Section 06 목회자 자녀 학비 지원에 힘쓴 큰 나무
: 밀알장학회 설립자 윤재경 장로

"제가 섬기는 하와이 아이에아 한인연합감리교회 목사님의 조카딸 학비 (당시 하와이 주립대학 재학)가 걱정되었다. 도울 방법이 없을까 해서 '밀알장학회'의 혜택을 생각해 보았지만 정관에 수혜자를 '한국기독교장로회' 교역자 자녀들로만 제한하고 있어서 어렵겠다는 생각이 들었다. 곰곰이 생각해보니 지난 10월 한국에 다녀올 때 막내아들이 용돈 쓰라고 준 1,000달러가 생각났다. 그 돈을 곧장 목사님 사모님에게 갖다드렸다. 돌아와서 한 시간쯤 지났을까? 함께 교회를 다니는 M권사님이 친구가 '좋은 곳에 쓰라'며 줬다면서 밀알장학금에 보태라고 봉투를 놓고 갔다. 봉투 안에는 꼬깃꼬깃 접은 1달러에서부터 5달러, 10달러, 20달러 등 오랫동안 모으고 모았던 것으로 보이는 2,150달러가 들어있었다. 살아계신 하나님은 없는 가운데에서도 1,000달러를 장학금으로 내는 것을 보시고 당장 배 이상으로 돌려주셨다."

1988년 9월 30일 미국 하와이로 이민을 가서 한인연합감리교회를 섬기던 윤재경 장로가 이민생활 이후에도 자신이 설립한 밀알장학회 기금 모으기에 열정을 쏟았던 과정에 개입하시는 하나님의 기적을 그의 회고록〈물가에 심긴 나무〉에서 밝힌 한 대목이다. 윤재경 장로는 충남노회 판교교회 장로로 임직을 받고 충남노회와 한국기독교장로회 총회에서 봉사하면서 교역자 자녀들의 학비 지원에 각별한 신경을 썼으며 나중에는 밀알장학회를 설립, 한국기독교장로회 소속 목회자들의 자녀 학비 지원에 최선을 다했다.

윤재경 장로가 목회자 자녀들의 학비에 관심을 가진 것은 1958년이다. 충남노회 소속 장항교회가 운영하던 6학급 규모의 군산계명중학교가 운영에 어려움을 겪게 되어 도와준 것이 인연이 되어 결국 학교운영을 계속하지 못하고 매각하게 되자 자신에게 돌아온 매각대금을 노회에 기증하면서 목회자 자녀에 대한 학비 지원에 관심을 가지게 되었다.

윤재경 장로는 학교운영에 함께 참여했던 조용근 장로(장항교회)와 함께 받은 매각대금 100만 원을 충남노회에 기증하여 '한알장학회'를 조직한다. 이 장학회는 1970년 4월 충남노회를 통해 공식으로 발족하게 되고 이후 장학위원들의 헌금과 노회원들의 협조, 해외봉사단의 헌금을 받아서 매년 충남노회 내 교역자 자녀에게 지급했다.

윤재경 장로가 예수를 영접한 것은 대학에 다니다가 결핵을 앓으면서부터다. 경성제국대학(현 서울대학교) 의예과 3학년 시절 감기증세로 나타난 결핵은 2기로 진단이 나 결국 휴학을 하고 장기간 치료에 들어갈 수밖에 없었다. 한쪽 폐에 엄지손톱만한 동공이 생겨 인천에 있는 한 요양병원에서 치료를 받았으나 10개월이 지나도록 차도가 없자 그는 고향으로 내려가 집에서 치료를 받기로 했다. 전담 간호사를 두고 '국도식 요양법'이라는 특수치료법으로 치료에 나선 것이다. 이때 담당 간호사가 군산개복동교회에 다니던 45세의 믿음 좋은 양씨 아주머니였다. 양씨 아주머니의 권유로 그는 예수를 믿어보기로 하고 초등학교 2년 선배였던 권영진 전도사(후일 기장 총회장 역임)에게 부탁해서 성경을 구입, 읽기 시작했다. 그는 침대에 누운 채로 식사도 하고 대소변을 받아내면서 하루에 일곱 번씩 냉수마찰을 하면서 복식호흡과 손발운동을 하는 방법으로 치료를 받았는데, 그러한 과정에서도 틈틈이 성경을 읽어 1년에 신약성경을 일곱 번 읽었다. 그의 병세는 놀랍게 호전되어 병상에서 일어나 30분 거리의 교회에 나가게 되었고 세례를 받은 후 집사 직분도 받게 되었다.

죽음의 문턱에 들어선 폐결핵 2기에서 기적적으로 삶을 되찾은 윤재경 장로는 신유의 은혜에 보답하려는 뜨거운 믿음이 행함으로 나타나 30세였던 1952년 8월 31일, 충남 서천군의 판교교회에서 장로로 임직을 받는다.

윤재경이 시작한 사업은 정부미 도정업이었다. 그에게는 아버지가 가업으로 물려준 정미소가 있었다. 아버지가 소작료를 받은 벼를 현미로 도정하던 소규모의 정미소였다. 윤재경 장로는 그 정미소를 정부미 도정공장으로 허가받아 운영했으나 판교면은 작은 산골마을이라 도정량이 너무 작아 사업성이 떨어졌다. 윤재경 장로는 장로 임직 후에 도정량이 많은 부여군의 한 도정공장을 인수했다. 그 공장은 정미기 10대를 증설해야 할 정도로 일감이 많은 도정공장이었다.

윤재경 장로는 노회에 총대로 활동을 하면서 교역자들이 자녀들 교육에 어려움을 겪는 것을 보고 대전노회 목회자에게 교육보험을 들도록 했다. 그리고 본인부담분, 곧 목회자들이 내야할 금액을 자신이 전액 대납했다. 이어 노회 산하 모든 교회 목회자 자녀들의 교육보험은 노회가 부담하도록 추진하여 결의했다. 그러나 그런 것으로는 목회자 자녀에 대한 학비 마련에 별 도움이 되지 않는다는 사실에 윤재경 장로는 장학회를 설립키로 결심한다.

윤재경 장로는 1988년 '밀알장학회'를 설립했다. 장학회 설립기금은 112,222,308원이었다.

이때는 그가 생활근거지를 미국으로 옮기려던 어려운 시기였다. 정부미 도정공장을 처분하고 부여지역의 합동연탄공업사를 설립, 사업을 전환했으나 어려움을 겪자 가산(家産)을 정리하여 큰 딸이 사는 하와이로 이민을 서두르고 있었다. 잘나가던 정부미 도정 사업을 그만두고 합동연탄공장에 뛰어들었다가 망해 미국으로 떠나려하면서 장학회를 설립한 것은 참으로 어려운 결단이었다. 낯선 미국에서의 생활도 어찌될지 몰라 불안한 상황인데 가진 것을 털어 장학기금을 마련한다는 것은 보통사람의 생각으로는 하기 힘든 결정이었다. 그는 서둘러 장학회를 설립하면서 부여의 선산(임야 2,600평)과 밭(4,500평)도 장학회로 내놓았다. 미국에서의 최소한의 생활비를 제외한 돈이 될 만한 것을 모두 장학기금에 보탠 것이다.

장학금 수혜대상은 충남과 대전 양 노회 산하의 미자립교회 교역자 자녀들로 했다. 이렇게 하고 떠난 윤재경 장로는 하와이에서 자녀들이 주는 용돈과 출석하는 한인교회 등에서 장학회에 희사(喜捨)하는 출연금 등을 가지고 매년 두 차례 한국에 나와 장학금 지급에 힘을 보탰다.

장학금을 노회가 관리하기에는 어려움이 따른다는 판단에 따라 1993년에는 총회유지재단으로 장학금 관리업무를 이관했다. 그리고 1998년부터는 장학금 수혜대상을 한국기독교장로회 산하 전 노회 목회자 자녀들로 넓혔다.

총회는 충남과 대전노회 교역자 자녀에게는 1994년부터 1997년까지 4년 동안 55명에게 50만 원씩 모두 2,750만 원을 지급했다. 그리고 수혜

대상을 교단 산하 전 노회 교역자 자녀들로 확대한 뒤로는 각 노회에서 한 명씩을 추천받아 지급했다. 장학금 지급은 은행금리가 일정치가 않아 50만원을 기본으로 줘오다가 2000년과 2001년에는 100만 원씩을 지급했다. 그리고 2008년 상반기에도 100만 원씩을 지급하는 데 이어 하반기에도 100만 원씩을 지급했다. 총회 유지재단은 수혜 대상을 전 노회 목회자 자녀로 확대한 이후 지금까지 모두 227명의 목회자 자녀에게 1억6천8백만 원의 장학금을 지급했다. 윤재경 장로의 목회자 자녀 장학금 마련에 감동한 하와이 아이에아 한인연합감리교회 담임목사는 교회 안에 60세 이상으로 된 노년층을 중심으로 '밀알회'라는 선교회를 조직토록 주선해 주고 밀알장학회에 협력하도록 도와주었다.

윤재경 장로는 밀알장학회의 기금이 날로 커져서 기장 교단 내의 보다 많은 목회자 자녀들이 혜택을 받아서 목회에 활력을 불어넣기를 희망하고 있다. 윤재경 장로가 쓴 그의 회고록, 〈물가에 심긴 나무〉에서 그는 이렇게 바라고 있다.

"나는 지금 이 밀알장학회가 함께 참여하고 있는 장로들의 협조로 5억 원의 기금이 마련되기를 기도하고 있으며 또한 한국기독교장로회 안의 부자 장로들이 헌금이나 혹은 유언으로 헌금을 해 10억 원의 장학기금이 마련될 수 있기를 바란다. 그렇게 되면 한 노회 당 3명 정도의 목회자 자녀에게 장학금을 더 줄 수 있게 된다."

밀알장학회의 기금은 2008년 6월 30일 현재 466,587,106원(부동산 1억 원 포함)이다. 부동산 투기나 한탕주의로 졸부가 된 사람들의 눈엔 5

억 원도, 10억 원도 아닌 아주 작은 돈처럼 보일지 모른다. 그러나 미래가 불확실한 상황에서도 오직 목회자들의 안정적인 목회에 도움을 주기 위해 가진 것 모두를 바쳐 장학회를 설립한 윤재경 장로의 아름다운 모습은 우리 모두가 본받아야 할 귀감이다.

Section 07 신앙 위에 우뚝 선 민족 지도자
: 33인 민족대표 이승훈 장로

남강(南岡) 이승훈(李昇薰)이 예수를 영접한 것은 독립운동 과정에서였다. 평안도, 황해도 지역의 기독교 신도들이 중심이 된 '신민회'라는 애국계몽운동 단체에 참여하면서 예수를 믿게 된 것이다. 미국을 돌아보고 온 도산 안창호의 민족혼을 일깨우는 연설에 크게 감명을 받은 이승훈은 1906년 양기탁, 신채호, 이동녕 등과 함께 '신민회'라는 비밀 단체를 조직했다. 민족의식과 독립사상 고취, 국민운동의 역량결집, 청소년 교육, 국민부력(富力) 증진 등을 지향하는 신민회는 당시 일제의 감시와 탄압으로 표면적인 애국계몽운동이 어렵게 되자 비밀단체를 통해 나라의 미래를 설계하는 지하 애국운동을 펼치고 있었다.

이승훈은 1864년 평안북도 정주의 가난한 농민의 아들로 태어났다. 어린 나이에 부모를 모두 잃어 11살이 되던 해 평양의 한 놋그릇 상회의 사환으로 들어간 남강은 타고난 근면과 성실을 바탕으로 주인의 신임을 얻게 되고 놋그릇의 외판과 수금, 더 나아가 놋그릇의 제작과 판매에 이르는 경험을 바탕으로 사업가로서의 수완을 길렀다.

남강은 이후 다니던 직장을 그만두고 보부상이 되어 평안도와 황해도 일대를 누비며 놋그릇을 팔아 상당한 돈을 모았다. 그리고 그 여력으로 놋그릇 공장을 세우고 평양에 지점까지 두는 등 사업가로 성공한 듯 했다. 그러나 1894년 청일전쟁으로 그의 사업장은 어려움을 겪게 됐다. 그 뒤 다시 사업을 일으켜 서울과 평양을 오가면서 무역업과 운수업에

까지 손을 댔으나 1904년 러일전쟁이 일어나면서 사업은 다시 어려움을 겪게 되고 1905년 을사늑약으로 나라의 주권마저 일본에 빼앗기자 약소민족의 한을 가슴에 안고 낙향을 하고 말았다.

1907년 7월 평양 모란봉에서 열린 도산 안창호의 귀국강연회에 참석한 남강은 도산의 연설에 큰 감명을 받는다. 도산은 나라를 빼앗으려는 일본의 흉계를 무너뜨리기 위하여 "백성들의 나쁜 습관을 끊고, 바른 종교를 받아들여 민족혼을 깨우치며, 자라는 청소년을 교육시켜 나라를 부강하게 일으켜 세워야 한다"라고 역설했다. 이에 감동을 한 남강은 지금까지 자신만의 삶에 급급했던 과거를 돌이켜 회개하고 앞으로는 겨레를 위한 삶을 살기로 다짐했다. 남강은 그날로 세 가지를 결단한다.

① 상투를 자르고 즐기던 술, 담배를 일체 끊는다.
② 기독교 신앙을 받아들여 고향에 교회를 세운다.
③ 교육으로 나라를 부강케 하기 위해 학교를 세운다.

남강은 곧장 고향에 오산교회를 세웠고 초등교육기관으로 강명의숙을, 중등교육기관으로 오산학교를 설립하여 민족 지도자 양성의 꿈을 키웠다.

한일합방이 있기 3년 전 이뤄진 남강의 결단은 신앙의 기초 위에 자라나는 청소년들의 민족혼을 일깨우는 하나의 전기를 만든다. 남강은 상투를 튼 학생 여덟 명으로 오산학교 문을 열었다. 옛날 서당으로 쓰던 집을 그대로 학교 건물로 사용했으나 교육내용만은 전혀 달랐다. 구한 말의 썩고 병든 사회를 새롭게 하여 새 세상을 건설해 보자는 것이 학교 설립의 목적이었다.

　남강은 오산학교를 세우면서 다음의 세 가지를 설립 정신의 기초로 삼았다. '민중사상', '민족정신', '기독교정신'이 그것이다. 오산학교가 세워진 평안도 정주 지방은 홍경래를 중심으로 민중들이 봉기했던 지역이다. 왕실과 양반, 귀족들이 나라를 통째로 말쳐먹던 시절, 상놈들이라 천대받아오던 민초들이 나라를 구하겠노라고 일어섰던 민중정신과 평민사상이 팽배했던 점을 감안, '민중사상'을 학교 설립정신의 으뜸으로 삼았다. 다음은 나라의 주권이 일본에게 강탈당한 현실에서 '민족정신'을 꼽았다. 백성들이 일어나 자주, 자립하는 민족을 만들어 가자는 것이다. 그는 자기 민족만의 우월주의가 아닌 '자신이 속한 민족을 귀히 여기되 다른 나라의 민족들도 존중히 여겨 공생하는 열린 민족주의'를 지향했다. 마지막으론 '기독교정신'이다. 참된 것을 따르는 마음가짐과 이웃에게 베풀고 섬기는 삶의 자세를 교육의 기본으로 삼는다는 것이다. 예수님의 사랑을 통해서 학생을 이웃과 겨레를 사랑하고 하나님을 사랑하는 인격체로 기르도록 한다는 것이다.

　1910년 8월 29일, 일본이 마침내 한국을 강제로 합병시키자 많은 신민회 회원들이 해외로 망명한 것과는 달리 남강은 국내에 남아 민족계몽운동을 계속했다. 그러자 일제는 그를 가만 두지 않았다. 남강은 1911년 이른바 '안명근 사건'의 연루자로 제주에 유배되었다가 1912년에 다시 '105인 사건'의 관련자로 투옥되었고 징역 10년을 선고받았다. 1915년 가석방으로 풀려난 남강은 고향 교회에서 장로로 임직을 한 뒤 52살의 나이로 평양신학교에 입학, 복음전파의 사역자로 나서려 했으나 주위의 권고로 1년 만에 그 뜻을 접고 육영사업에 전념했다.

국가와 민족의 장래를 염려하던 남강은 1918년 12월, 고무적인 두 소식을 접한다. 하나는 만주지방에서 은밀히 독립운동을 준비한다는 소식이고, 다른 하나는 일본 동경의 유학생들이 독립운동에 뜻을 같이하는 사람을 규합하고 있다는 소식이었다. 남강은 조만식을 비롯한 동지 몇 명을 집으로 불렀다. 그리고는 "겨레가 당장 총칼을 들고 일본과 싸울 수는 없지만 적어도 우리 민족의 전체 의사가 어떤 것임을 일본 정부를 향해 확실하게 보여주어야 한다"라고 역설했다. 이에 뜻을 같이하는 사람들과 중국 상해로부터 온 선우혁과 독립선언을 하기로 의논하고 자신은 기독교 대표를 맡아 함께 나설 동지를 규합하기로 했다.

1919년 3월 1일 정오.

민족을 대표해 33인의 한 사람으로 기미 독립선언에 참여한 남강은 현장에서 일본 헌병대에 체포되었다. 일제의 침탈을 온몸으로 거부하면서 피압박 민족의 한을 쏟아내는 세 번째의 옥살이가 시작되었다. 남강은 재판 법정에서 피를 토하듯 이렇게 진술했다.

"나는 살아계신 하나님을 믿는 사람이다. 하나님은 이 땅 위에 사람을 만들 때 각 사람에게 각각 자유를 누릴 권리를 주셨다. 그러나 우리 민족은 너희에게 이런 고귀한 자유를 다 빼앗겨 버렸다. 생각해보라. 이런 굴욕은 곧 절망이고 죽음이다. 너희 일본은 오랜 옛날부터 우리 한국의 은의(恩義)를 크게 입었던 나라다. 그런 은의를 이처럼 원수로 갚다니 이보다 더 천벌을 받을 짓이 어디 또 있겠느냐? 우리는 최후의 한 사람까지 너희 칼날에 목이 잘리운다 할지라도 노예와 짐승이 되어 살기를 원치 않는다. 우리의 이번 만세운동은 하늘의 뜻이다. 그러니 우리 한국의 독립이 야말로 곧 일본 자신을 위한 일이라는 사실도 이 기회에 깨닫기 바란다."

남강은 여느 감옥생활 때처럼 교도소의 징역형을 기도생활로 바꿨다. 아예 기도생활을 위해 감옥에 들어온 사람처럼 그는 기도생활에 전념을 했다. 그리고 성경 읽기에 전념했다. 구약성경 10번, 신약성경 40번을 읽었다. 그리고는 오산학교에서처럼 감옥의 실내외 청소를 도맡아 했다. 형기를 마치고 나온 남강은 학생들의 요청으로 자주 강연을 했다. 그때마다 '도산 안창호를 만나 민족정신에 눈을 뜨게 된 일', '교육을 통한 인재양성에 나섰던 일', '교육 방향까지도 예수 그리스도의 정신에 맞추게 된 일' 등을 강조했다.

1924년 5월 동아일보 사장으로 추대된 남강은 기회가 있을 때마다 자신이 우리 민족만의 유익을 고집하는 옹졸한 민족주의자가 아님을 강조했다. 하나님이 만드신 나라고, 하나님이 만드신 사람들이 사는 사회에서 일본의 침탈은 곧 불의라는 것이다.

1930년 5월 9일, 67세를 일기로 하나님의 부르심을 받은 남강은 민족의 사표(師表)였다.

Section 08 나라와 겨레를 사랑한 영원한 스승
: 오산학교 교장 조만식 장로

"내가 죽은 뒤, 비석에 비문은 쓰지 마라. 그 대신 그곳에다 두 눈을 크게 새겨다오. 한 눈으로는 일본이 망하는 것을, 다른 한 눈으로는 조국의 독립을 지켜보리라."

나라가 어두컴컴한 미로를 헤매고 있을 때 고당(高堂) 조만식(曺晩植) 장로는 늘 유언처럼 그런 말을 했다. 그도 그럴 것이 고당이 일본 명치대학 법학부를 졸업하고 사회에 첫발을 내딛던 해가 일본이 조선을 강탈하고 조선 사람을 일본인화하려는 황민화 정책이 판을 치던 1913년이었기 때문이다. 그는 끝내 겨레 사랑과 복음 사수의 두 가지 목적을 이루기 위해 '순민(殉民)'과 '순교(殉敎)'의 길을 택한 민족의 스승이었다.

고당 조만식 장로는 1882년 12월 24일 평양에서 태어났다. 그가 예수를 알게 된 것은 10여 살이던 무렵, 친구 집에 드나들면서부터였다. 친구 아버지가 대동문 안의 한석진 목사였는데 친구 집에 놀러 가면 파란 눈의 미국인 선교사가 쪽 복음과 전도지를 주었기에 어렴풋이 예수를 알았다. 그러나 고당이 예수를 본격적으로 믿게 된 것은 그가 사업에 실패하고서부터다. 일찍이 사업에 눈을 떠 손을 댔으나 실패하여 술에 취해 방황하던 시절, 장대현교회를 다니는 한 친구가 찾아왔다. "지금 너 우리나라가 어떻게 되어 가는지 알고 있니? 일본이 지금 우리나라를 자기네 속국으로 만들려 하고 있어. 그런데 너같이 한문공부도 많이 하고 머리도 좋고, 재산도 그만하면 살아갈 만한데 너 같은 사람이 이런 생활을 하면 우리나라가 어떻게 되겠나?" 친구의 따끔한 충고에 고당이 되물었다. "그럼 어떻게 하면 되겠나?" 하자 친구는 "먼저 새사람이 되어야 해! 그러려면 예수를 믿어야 하네."

충고에 놀란 고당은 그날 밤 평소 가까이 지내던 친구을 불러 모아놓고 "오늘 내가 세상과 이별하는 술을 삼세. 나는 이제 예수를 믿고 나라를 구하기 위해 숭실학교에 들어가 공부를 하려네. 자네들도 내 친구가 되려면 예수를 믿어야 하네"라고 하고선 날이 샐 때까지 친구들과 술잔을 기울였다. 조만식은 아직 술이 덜 깬 몽롱한 상태에서 숭실학교를 찾아가 "학교에 다니겠다"며 교장을 졸랐다. 주정뱅이 꼴의 조만식을 본 교장 배위량(Baird) 박사가 "공부는 무얼 하기 위해 하려나?" 하고 묻자 그는 "공부해서 하나님의 일을 하겠소" 하며 혀 꼬부라진 소리로 당차게 대답했다. 그러자 교장은 "좋소. 그렇게 마음먹고 열심히 공부하시오" 하면서 조만식의 등을 쓰다듬으며 입학을 허락했다. 이렇게 해서 조만식은 방탕했던 생활을 접고 학생이 되었는데 조만식은 그때의 생활을 나중에 이렇게 회고했다.

> "방탕했던 생활을 청산하고 새롭게 시작한 학교생활은 낙원이었습니다. 공부하고 기도하고, 기도하고 전도하면서 친구들과 보내는 생활은 정말 기뻤습니다. 믿는 친구들끼리 반목도 질시도 없는 그야말로 기쁨 그 자체의 생활이었습니다. 나라가 무엇인지를, 민족이 무엇인지를 많이 고민해봤습니다."

조만식은 숭실학교를 졸업하던 1908년 4월 일본 유학길에 올랐다. '하나님의 일을 하기 위해서는 더 배워야 한다'라고 생각하고 동경 세이소쿠 영어학교에 입학하여 3년 동안 영어를 전공한 뒤, 메이지대학 법학부에 진학했다. 당시 나이 29세였다. 대학 졸업 후엔 변호사의 안정된 길을 선택할 수도 있었는데 그것을 마다하고 평북 정주의 오산학교 교사로 부임했다. 오산학교는 고당이 평소 존경해 마지않던 남강 이승훈 장로가 세운 학교였다. 조만식은 오산학교에서 제자들과 함께 기거하면서 학생에게 강도 높은 신앙훈련과 인격도야를 위한 훈련을 시켜갔다. 아침 6시에 일어나 학생들과 아침체조를 하면서 구보도 하고, 난로도 피우고, 장작도 패고, 청소 등도 학생들과 똑같이 했다.

아침마다 기도회를 주관하여 성경을 읽고 설교를 하면서 나라사랑에 대한 민족혼을 일깨웠다. 고당이 오산학교에 부임을 한지 1년이 못되어 학교는 놀랍게 변해갔다. 교직원들과 학생들이 화기애애한 가운데 하나가 되어갔고 특히 학생들 사이에서 검소한 기풍이 번져나갔다. 조만식은 2년 뒤 오산학교 교장의 중책을 맡게 된다. 그러나 그의 역할은 전과 다름없었다. 청소하고 장작패고, 난로 피우는 일 등은 여전히 그의 몫이었다. 그는 교장이면서, 사감이면서, 교목이면서 사환까지의 일을 모두 도맡아 했다.

고당의 독특한 신앙훈련과 인격도야 등으로 겸손하면서도 검소한 기품을 갖춘 많은 제자가 이 무렵 배출되었다. 신사참배를 거부하고 순교한 주기철 목사를 비롯해서 한경직 목사, 함석헌 선생, 김홍일 장군, 홍종인 신문사 주필, 임극제 등 후세에 그 이름을 기리 남기는 인물들이 고당의 영향 아래 자란 오산학교 출신들이다. 조만식은 학교에서 성경에 해당하는 '수신(修身)'이라는 과목을 가르치면서 "예수님이 인자로서 우리에게 주신 교훈은 눈물과 땀, 그리고 피인데 눈물은 동정과 사랑을 의미하고, 땀은 땀 흘려 일함을 뜻하며, 피는 희생을 의미하는데 이 세 가지를 우리가 본받아서 민족을 사랑하고, 땀 흘려 일을 하며 최후에 가서는 나라를 위해 희생할 수 있는 각오를 가져야 한다"라고 역설했다.

조만식 장로는 물산장려운동에 나선 애국자였다. 자원 없는 나라에서 살려면 우리 것을 써야 한다며 '조선물산장려회'를 조직하고 남의 물건을 쓰지 말고 자급자족할 것을 강조했다. 이런 정신을 실천하기 위해 그는 일본생활에서 입었던 양복도 조선에서는 벗어 던지고 한복으로 갈아입었으며, 양치질도 치약 대신 소금으로 하고, 세수는 비누를 사용하지 않았다. 그는 우리나라가 복 받고 잘 살기 위해서는, 그리고 기독교가 뿌리 내리기 위해서는 무엇보다도 금주와 금연, 아편, 축첩, 매음, 잡기 등을 추방해야 한다고 강조하고 기독교인들의 경건생활을 강조했다.

조만식 장로의 상징적인 이미지는 무엇보다도 교회 봉사에 있었다. 평양 산정현교회에서 집사와 장로로 봉직한 고당은 신앙을 삶에서 몸소 실천하는 신행일치의 생활인이었다. 고당은 1921년 집사로 봉직하다가 1년 뒤 장로로 임직했다. 산정현교회는 1905년 장대현교회에서 분립을 한 교회였다. 조만식 장로는 알려진 대로 항상 맨 앞자리에 앉아 예배를 드렸으며 당회에서도 별 말을 하지 않고 앉아 있다가 당회장의 방침에 적극 협조하는 무게 있는 장로였다.

1936년 일제가 신사참배를 강요하던 시절, 조만식 장로는 공석이 된 산정현교회 담임목사 자리에 오산학교 제자였던 마산 문창교회 주기철 목사를 청빙했다. 조만식 장로는 과거의 사제지간에 개의치 않고 주기철 목사를 담임목사로 잘 섬겼다. 어찌나 잘 섬겼든지 그 섬김의 모습들은 후세에 한국교회의 목사와 장로 간의 이상적인 모델로 자주 등장을 하고 있다.

주기철 목사가 신사참배를 거부하고 순교의 길을 택할 수 있었던 것도 조만식 장로의 든든한 후원과 기도가 있었기 때문에 가능했다. 이러한 담임목사와 장로의 아름다운 관계로 주기철 목사는 꿋꿋이 신앙의 지조를 지켜 갈 수 있었고 평양 산정현교회는 일제 강점기 시절 신사참배 강요에 굴하지 않는 순교자를 배출하는 유일한 교회가 되었다.

조만식 장로는 8·15 해방 이후 자신을 기대하는 수많은 사람을 위해 자기의 한 목숨을 버리는 순민(殉民)의 길을 걸었다. 남쪽으로 내려가자는 주위의 권유에 "나는 1천만 동포를 두고 내려 갈 수가 없소" 하면서 끝까지 북한에 남아 투쟁하다가 1950년 10월 18일 평양 감옥에서 총살을 당하므로 순교와 순민의 길을 함께 걷는 겨레의 스승이 되었다.

Section 09 겸손으로 봉사한 신앙의 사표
: 한국유리 최태섭 장로

1961년 초여름 어느 날 밤.

최태섭 한국유리 사장 집에 낯선 사내 5~6명이 들이닥쳤다. 사내들은 다짜고짜 최사장을 끌어내 지프에 몰아넣었다. 그리곤 어디론가 달렸다. 달리는 차 안에서 그는 자신이 부정축재자로 몰려 지금 모처로 조사를 받으러 끌려가고 있다는 사실을 알았다. 그는 하나님에게 조용히 기도했다. "하나님! 제가 잘못을 저질렀다면 처벌을 달게 받겠습니다."

최사장을 취조하던 수사관들은 며칠 동안의 조사에서 부정축재에 대한 혐의를 찾지 못하자 늘 채우던 수갑을 풀어주면서 "수갑을 차지 않아도 될 것 같습니다. 집으로 가십시오"라고 했다. 어떤 수사관은 "제가 퇴직을 하면 사장님 밑에서 일하고 싶습니다"라고 말하기도 했다. 그들은 국내 굴지의 한국유리가 그처럼 투명하게, 정직하게 경영하는 사실에 혀를 내둘렀다.

최사장을 끌고 간 그날 밤 또 다른 사내들은 최사장 집안 곳곳을 뒤졌다. 그러나 최사장 집에서는 그들이 찾고자 하는 물건이 하나도 없었다. 값나가는 다이아몬드나 패물, 고가의 미술품 등을 찾았지만 집안 어느 곳에도 값나가는 물건은 없었다.

사내들은 최사장 부인에게 이렇게 말했다. "이런 집은 정말 처음입니다. 커피나 한잔 주십시오. 다른 집에서는 물 한잔도 먹지 않았습니다마는…." 5·16 이후 재벌에 대한 부정축재 조사에서 한국유리 최태섭 사장은 연행자들 가운데 가장 먼저 무혐의자로 풀려났다. 평생을 겸손과 철저한 신앙으로 기업을 경영해온 그의 기업철학이 객관적으로 인정을 받는 셈이었다.

최태섭 장로는 서울 수도교회 장로였다. 1964년 장로로 임직을 한 그는 모태신앙으로 평생을 기업가로 활동하면서 기업인으로서의 깨끗한 이미지를 심었다. 교회와 사회를 아우르는 덕망 높은 기업가였다. 최장로가 유리에 인생을 걸은 것은 6·25 전쟁이후 복구사업에 유리 수요가 늘 것이라는 사업가적 안목에서였다. 그리고 원료가 되는 모래도 전국해변에 무수히 깔려있어 수지맞춤에 어려움이 없을 것이라는 판단도 들었다.

그러던 차에 당시 UN 기구의 하나인 UNKRA(국제연합 한국재건단)가 당시 한국의 3대 기간산업의 하나로 건설하던 인천판유리 공장을 민간인에게 불하한다는 소식이 들렸다. 최장로는 여기에다 평생을 걸어볼 만한 사업이라 판단하고 참여해 인수에 성공했다. 1956년 12월 19일, 그의 나이 46세 때였다.

그는 기업초기부터 그동안 자신이 지녔던 정직과 성실을 경영지표로 삼았다. 그것은 어려서부터 쌓아온 신앙의 바탕 위에 시련과 성공을 반복했던 기업경영에서 얻은 철학이었다.

기업가 최태섭은 약속과 신용을 생명처럼 지키는 매우 겸손하고도 정직한 사람이었다. 그는 엄청난 손해를 감수할지라도 한번 약속한 것은 끝까지 이행하는 사람이었다.

사업가 최태섭이 젊은 시절, 만주에서 '삼홍상회'라는 무역회사를 차렸을 때다. 수십 화차 분량의 콩을 미쯔이와 미쓰비시로부터 사들여 중국 상인에게 전매키로 하고 계약을 해놓은 상태에서 콩 값이 폭등하는 바람에 계약을 파기만 하면 엄청난 부를 축적할 수 있는 상황에서 그는 당초 약속대로 계약을 이행했다. 위약금을 물어주고 다른 상인에게 물건을 팔라는 주변의 강력한 권고에도 그는 약속을 지킨 것이다. 중국 상인이 놀라 자신에게 돌아오는 이익을 절반씩 나누자고 제의했지만 그것은 "당신이 운이 좋은 결과"라며 한사코 그 제의를 거절했다. 그러나 그게 계기가 되어 '사업가 최태섭'은 중국사회에서 일약 유명인사가 되었다. 신용을 바탕으로 하는 중국 상인들과의 거래가 급격히 늘어나면서 이후 삼흥상회의 사업은 놀라운 성장을 거듭했다.

최태섭은 1910년 8월 26일 평안북도 정주군에서 태어났다. 평범한 농사꾼의 아들로 태어난 그는 정주 지방에 복음이 일찍 들어온 탓에 어려서부터 어머니를 따라 주일학교에 나갔다. 그러나 뜻밖에도 불행이 닥쳤다. 그가 소학교를 졸업할 무렵, 젊은 나이의 아버지가 갑자기 돌아가신 것이다. 장남인 그는 상급학교 진학을 포기하고 어머니를 도와 농사를 지을 셈이었지만 신교육에 대한 이해가 누구보다도 깊었던 어머니의 강력한 만류로 오산학교에 진학하게 되었다. 오산학교는 전교생이 기숙사에서 생활하게 하면서 학생에게 세상을 바로 보는 눈과 민족의식을 고취시키는 차원 높은 교육을 했다. 학생 최태섭은 자신이 평생 삶의 가치관으로 삼았던 두 기둥 곧, 기독교정신과 민족주의는 오산학교에서 배운 교육의 결과였다.

학생 최태섭은 당시 독립운동을 하다 옥에 갇힌 사람을 위해 변호사가 되려는 꿈을 가졌다. 그러나 법률공부 과정에서 일본제국헌법 제1조에 '천황을 신성으로 받들어야 한다'는 조문이 있음을 보고 그는 변호사를 포기하고 사업가의 꿈을 키웠다. 그러나 사업가로서의 꿈도 만만치가 않았다. 일제 치하의 '조선인'으로서는 사업 영역에 한계가 있었다. 그는 사업종목을 목사님과 상의한 끝에 농민에게도 도움이 되고 비교적 안정적이라고 할 수 있는 정미소를 택했다. 그의 나이 스물두 살 때였다. 그러나 그의 첫 사업인 정미소가 경영에 대한 경험 부족으로 2년 만에 문을 닫고 말았다.

최태섭은 수많은 사람들이 일제의 그늘을 피해 그랬던 것처럼 만주로 떠났다. 이방 나라의 속박에서 벗어나 자유로운 사회에서 사업을 해보려는 뜻에서였다. 그가 만주에서 착안한 사업은 만주가 밭농사가 성해 콩이 잘됐으므로 콩을 이용한 콩기름, 그 기름을 이용한 비누제조, 그리고 콩을 중개하는 무역에 손을 댔다. 사업의 규모가 커지면서 '삼흥상회'를 '삼흥실업'으로 키워 가공업과 무역업으로 발전시켜 나갔다.

1945년 8월 15일. 남의 땅 만주에서 맞는 조국의 해방은 달랐다. 일본군을 대신해 들어온 팔로군(중국공산군)이 만주에 공산주의를 심기 위해 악덕기업가 처벌에 나섰다. 최태섭도 악덕기업가로 몰려 600여 명의 종업원들 앞에서 인민재판을 받았다. 팔로군 지휘관이 입을 열었다. "자 마지막 기회다. 할 말은 없는가?" 최태섭은 눈을 감았다. 그리고 지금까지 그가 믿어온 하나님에게 기도했다. "하나님 죄송합니다. 제가 말씀대로 살지를 못했군요. 오늘 저 군중들의 돌에 맞아 죽는 것이 하나님의 뜻이라면 달게 그 뜻에 따르겠습니다." 간절함으로 기도하는 그의 두 뺨에선 눈물이 하염없이 흘렀다.

이때 군중 속에서 누군가 "재판장님!" 하고 소리쳤다. 그 공장 경비였다. "나는 우리 최사장님이 죽을 만큼 죄를 지었다고 생각하지 않소. 사장님은 우리가 점심을 굶을 때 점심을 주었고 우린 다른 공장직원보다는 훨씬 더 좋은 대접을 받았소." 말이 끝나자마자 여기저기서 "옳소! 옳소!"가 터져 나왔다. 그리고 여직원들은 울음을 터뜨렸다. 종업원들 모두가 최태섭을 걱정하니 상황이 역전되었다. 기독교 신앙을 바탕으로, 선한 양심으로 사업해온 그동안의 삶을 하나님이 지켜주신 결과였다.

서울 수도교회를 담임했던 김상근 목사는 최태섭 장로를 '크고 섬세한 어른'으로 표현했다. 통이 크실 뿐 아니라 세심한데까지 잊지 않으시고 배려하시는 교회의 아니, 한국 교회의 크나 큰 어른이시라고 극찬했다.